Next Eu Editore

TFA

SOSTEGNO

Temi Svolti

© Copyright 2024 - Next Eu Editore
TFA SOSTEGNO _ Temi svolti
Tutti i diritti riservati.
Il contenuto di questo libro non può essere riprodotto, duplicato o trasmesso senza un permesso scritto direttamente dall'autore o dall'editore. In nessuna circostanza, qualsiasi colpa o responsabilità legale sarà attribuita all'editore, o all'autore, per eventuali danni, risarcimenti o perdite monetarie dovute direttamente o indirettamente alle informazioni contenute in questo libro.
Avviso legale:
Questo libro è protetto da copyright. Questo libro è solo per uso personale. Non è possibile modificare, distribuire, vendere, utilizzare, citare o parafrasare qualsiasi parte del contenuto, o il contenuto stesso all'interno di questo libro, senza il consenso scritto dell'autore o dell'editore.

INTRODUZIONE

Questo libro nasce con l'intento di fornire al lettore un valido **strumento di ripasso e di esercitazione** in merito alle domande aperte del TFA sostegno con **più di 75 quesiti**. L'obiettivo che ci siamo posti nel realizzare un'intera collana dedicata alle tematiche della scuola è proprio quello di facilitare il percorso di studio arrivando così all'esame senza stress.

Prepararsi a un concorso richiede tempo ed energia e grazie alla nostra esperienza abbiamo creato il testo TFA sostegno dove è possibile memorizzare i punti chiave della materia grazie alla presentazione di tutti i concetti in maniera schematica. **TFA sostegno temi svolti**, ha come obiettivo la comprensione delle domande aperte, il vero incubo di chi si avvicina a sostenere questo esame.

In questo volume sono state racchiuse molte domande aperte, le stesse che molto probabilmente potrete incontrare in sede d'esame. L'obiettivo di questo volume è duplice, in quanto vi permetterà di ripassare i temi più chiesti in sede d'esame, mettendovi anche alla prova.

I nostri libri sono stati concepiti con l'utilizzo della sintesi perché riteniamo che leggere una lunga sequela di informazioni serve davvero a poco per superare un esame, in quanto la vera chiave è riuscire a memorizzarle, cosa non del tutto facile quando ci troviamo davanti a un muro di testo.

<u>È fondamentale avere al proprio fianco gli strumenti giusti!</u> Questa è la nostra filosofia.

Il libro che avete tra le mani è frutto di uno studio accurato per consentirvi di apprendere senza sforzo e senza nemmeno troppe ansie. Per non fare andare il cervello in stand-by è necessario mantenere l'attenzione alta, in questo modo avrete la certezza di non perdere il vostro tempo e di spenderlo in maniera efficace così da raggiungere l'obiettivo che vi siete preposti, che poi è il seguente: **superare il concorso del TFA.**

Ti ricordiamo che, se hai dubbi, perplessità o suggerimenti per il nostro prodotto, per noi la tua opinione è preziosa. Siamo una realtà giovane che vuole crescere e vuole aiutare le persone a superare questi scogli e per farlo abbiamo bisogno anche di te e della tua opinione.

Davvero ancora grazie mille.

Progetto di continuità

(Sec. I grado)

Immaginare di realizzare <u>un progetto di continuità tra due scuole la primaria e quella di I grado</u>. Spiegare perché è così importante questo principio in particolar modo quando si passa di ordine e grado.

Cosa mi chiede? La traccia in questione si riferisce alla continuità verticale, in previsione del passaggio tra una scuola e un'altra. Nello specifico devo; ideare un progetto in linea con la continuità e spiegarne l'importanza in ottica di transizione scolastica. Iniziamo sottolineando l'importanza di questo progetto.

Immaginare e poi realizzare un progetto di continuità è molto importante, in quanto ritengo che sia un'iniziativa valida a sostenere gli studenti durante questo delicato passaggio formativo e di crescita.

Adesso procedo illustrando le ragioni a sostegno della mia tesi

Gli alunni durante il passaggio tra la scuola primaria e quella di primo grado compiono un passaggio molto importante, oltre alla loro crescita si troveranno ad affrontare delle nuove metodologie, materie e aspettative in relazione al loro percorso di apprendimento. Per evitare che gli alunni si sentano smarriti i docenti possono fare rete, così da introdurre una serie di iniziative. Queste possono comprendere incontri per capire quale sia il punto ideale su cui partire, delle giornate in cui gli studenti possano vivere la nuova realtà che li attende.

Continuo il discorso arrivando a una conclusione volta a rafforzare l'importanza del concetto di continuità.

La continuità è un concetto importante in quanto può aiutare gli studenti ad attraversare senza problemi questa delicata fase di passaggio, permettendogli di fare esperienza e infondendo nell'animo la voglia di affrontare una nuova avventura.

Didattica orizzontale e verticale

(Sec. I grado)

Descrivere in quale modo <u>la continuità verticale e quella orizzontale</u> possano contribuire al successo formativo degli alunni.

Cosa mi chiede? La formulazione della domanda è abbastanza chiara, procederei con la spiegazione delle due tipologie di continuità.

La continuità orizzontale si riferisce all'azione educativa coerente e armonica dei docenti che gestiscono più classi. È la capacità della scuola di stabilire e mantenere una relazione sinergica con le famiglie e con il territorio, assicurando che l'istruzione sia in linea con le esigenze e le aspettative.

La continuità verticale: si riferisce alla connessione e alla coerenza tra i diversi ordini e gradi di scuola, come la transizione dall'istruzione primaria a quella secondaria e poi all'istruzione superiore. Questo include la cura nell'assicurare che ci sia una progressione logica nel curriculum, nella metodologia di insegnamento e nelle valutazioni, così che gli studenti possano passare da un livello all'altro senza ostacoli significativi.

A questo punto dopo aver introdotto questi concetti è utile spiegare perché sono importanti

La continuità orizzontale permette alle alunne e agli alunni di apprendere nuove conoscenze e competenze così da condurli verso il successo formativo. La continuità orizzontale non è da intendersi come un concetto scontato, proviamo a ipotizzare una realtà scolastica dove ogni insegnante ragiona per se e non in relazione con gli altri. In un contesto simile non si può raggiungere gli obiettivi della continuità orizzontale perché non vi è sinergia tra chi insegna e pertanto sarà facile avere diverse carenze. Anche la continuità verticale ha la sua importanza in quanto permette agli studenti di avere quelle competenze cruciali per il passaggio a una classe successiva, così da avere solide basi per la prosecuzione del proprio percorso formativo.

Concludo affermando...

Entrambe le continuità sono indispensabili perché permettono il raggiungimento delle competenze e delle conoscenze utili per affrontare al meglio il proprio percorso formativo.

Progettare per competenze

(Sec. I grado)

Qual è il significato di progettare per competenze nell'ambito della scuola secondaria di primo grado e quali strategie possono essere adottate per implementare tale approccio?

Cosa mi chiede? Inizio lo svolgimento della traccia focalizzando l'attenzione sulla progettualità per competenze.

Progettare per competenze all'interno della scuola secondaria di primo grado significa promuovere le competenze: matematiche, linguistiche, comunicative, sociali, civiche, imprenditoriali, scientifiche e tecnologiche.

Perché sono importanti?

Le competenze sopra citate permettono alle studentesse e agli studenti di affrontare delle situazioni reali inerenti anche alla vita pratica, è fondamentale che la scuola oggi non si focalizzi sulle sole competenze teoriche ma riesca anche ad andare oltre.

A questo punto illustro cosa significa nella pratica.

Progettare per competenze richiede un certo sforzo agli insegnanti, il primo step riguarda quali competenze è bene sviluppare così da poter individuare la modalità affiancando sempre un collegamento con la vita reale. Il secondo step riguarda la promozione della collaborazione e del dibattito tra gli studenti così che grazie al confronto possa nascere un'opportunità di crescita. È fondamentale che venga rivisto anche il modo di valutare, non ci si può fermare a dei numeri ma è necessario andare oltre per ragionare su quanto è stato acquisito e quanto ancora c'è da fare per il raggiungimento degli obiettivi.

Concludo affermando...

Questo modus operandi è utile agli studenti in quanto li prepara a interagire al meglio con il mondo al di fuori del contesto scolastico.

Didattica individualizzata e personalizzata

(Sec. II grado)

Delineare i fondamenti della didattica individualizzata e personalizzata.

Cosa mi chiede? Oltre a delineare cosa sia la didattica individualizzata e personalizzata, desidero illustrare come è possibile per chi insegna sviluppare questo approccio.

Qualsiasi alunno può incontrare una difficoltà durante il percorso scolastico, per far fronte a questo interviene la didattica individualizzata la quale si propone di far raggiungere a tutte le studentesse e agli studenti gli stessi obiettivi di apprendimento, impiegando la metodologia più opportuna.

Ogni alunno ha dei talenti che sono propri e per far sì che giungano alla luce e alla loro piena potenzialità è utile impiegare la didattica personalizzata, la quale si avvale di percorsi di apprendimento diversificati a seconda delle necessità dello studente. In questo caso gli obiettivi saranno diversi in quanto andranno a riflettere l'unicità di ognuno.

Per attuare questo è necessario disporre di alcune condizioni...

I docenti per attuare tutto questo devono conoscere i propri alunni, ma devono anche essere organizzati in termini di tempo, spazio e materiale, per consentire che si possa apprendere seguendo il proprio ritmo e metodo. Ad esempio il docente potrebbe incentivare la classe a utilizzare mappe concettuali o approfondimenti così da permettere ai propri studenti di apprendere meglio.

Concludo affermando...

L'obiettivo della didattica personalizzata e individualizzata è quello di far raggiungere gli obiettivi di apprendimento rispettando l'unicità e le esigenze dell'alunno.

Brainstorming

(Sec. I grado)

Il candidato descriva, in non più di 20 righe, in cosa consista la tecnica del BRAINSTORMING fornendone un esempio e, criticamente, rifletta sui punti di forza e i limiti di questa metodologia all'interno della scuola secondaria di I Grado.

Cosa mi chiede? La tecnica del brainstorming è conosciuta, pertanto inizio a formulare la mia risposta partendo da una descrizione del brainstorming per poi procedere a delineare i punti di forza e di debolezza.

Il brainstorming è una metodologia di pensiero creativo impiegata per produrre rapidamente e in modo spontaneo una varietà di idee. Tipicamente, questa strategia viene adottata in un ambiente di gruppo, dove ogni membro ha l'opportunità di condividere liberamente i propri pensieri senza timore di critiche. Il fine principale del brainstorming è accumulare il più grande numero di idee possibili in un lasso di tempo limitato, senza focalizzarsi sulla loro realizzabilità o coerenza iniziale. Queste idee possono successivamente essere esaminate e utilizzate come base per lo sviluppo di nuovi progetti o per trovare soluzioni a problemi specifici.

Faccio un esempio specifico.

<u>Progettazione di un Giardino Scolastico.</u> Gli studenti sono invitati a pensare a come vorrebbero che fosse il giardino, quali piante includere, e come potrebbe essere utilizzato per scopi educativi. Viene ricordato agli studenti che tutte le idee sono benvenute e che non ci saranno giudizi o critiche durante la fase di generazione delle idee. Gli studenti, divisi in piccoli gruppi, utilizzano lavagne, fogli di carta o dispositivi digitali per annotare ogni idea che viene in mente. Questo potrebbe includere tipi di piante, disegni del layout del giardino, strumenti educativi correlati (come cartellini informativi sulle piante), o modi per coinvolgere la comunità scolastica. L'esposizione delle proprie idee incoraggia una discussione più ampia e permette alle studentesse e agli studenti di costruire su quelle degli altri. Dopo la presentazione, gli studenti possono votare le idee che

trovano più interessanti o fattibili. I docenti possono guidare la discussione. Con le idee selezionate, gli studenti possono essere coinvolti nella pianificazione e nell'attuazione effettiva del giardino scolastico. Questo può includere ricerche su piante specifiche, preparazione del terreno, e cura. Questa attività non solo stimola la creatività e il pensiero critico, ma promuove anche il lavoro di squadra, l'organizzazione e la responsabilità.

Concludo sottolineando i punti forti e quelli deboli.

I vantaggi principali del brainstorming risiedono nella sua semplicità di applicazione, nella sua capacità di stimolare la creatività e nel favorire l'apprendimento collaborativo. D'altra parte, gli aspetti meno efficaci di questa tecnica emergono in quegli studenti che non amano lavorare in gruppo o trovano difficile esprimersi di fronte agli altri.

Cooperative Learning e lavoro di gruppo

(Sec. II grado)

Indicare le <u>distinzioni tra il lavoro di gruppo e il Cooperative Learning</u>, facendo riferimento alla letteratura psicopedagogica, in particolare alla <u>teoria di Johnson</u>.

Cosa mi chiede? La domanda mi chiede di indicare le differenze tra i due approcci collegandomi alla teoria di Johnson.

Il <u>lavoro di gruppo e l'apprendimento cooperativo</u> rappresentano due metodologie educative distinte, anche se entrambe implicano la partecipazione di studenti in attività basate sulla collaborazione.

Adesso mi concentro sulle differenze.

Il lavoro di gruppo si configura come un insieme di alunni riuniti per raggiungere un obiettivo condiviso, come risolvere un problema, creare un prodotto, o sviluppare un progetto. In questo scenario, gli studenti operano in modo più autonomo, decidendo individualmente quale parte del lavoro svolgere. Ad esempio, in un progetto di ricerca, alcuni studenti potrebbero raccogliere informazioni, altri preparare una presentazione, e altri ancora svolgere compiti differenti.

Diversamente, l'apprendimento cooperativo è una tecnica didattica mirata che punta a stimolare l'apprendimento attivo e coinvolgere ogni membro del gruppo in modo equo. Qui, l'insegnante gioca un ruolo cruciale come coordinatore e facilitatore, assegnando ruoli specifici ai membri del gruppo e fornendo istruzioni precise e dettagliate. Questo approccio tiene conto delle capacità e limiti individuali degli studenti, in linea con la teoria di David e Roger Johnson, che sottolineano l'importanza della guida dell'insegnante e del grado di "interdipendenza positiva" nel gruppo.

Nel lavoro di gruppo, questa interdipendenza esiste ma è meno strutturata e marcata, permettendo una maggiore indipendenza tra i membri. Inoltre, la guida dell'insegnante è meno evidente o assente. Invece, nell'apprendimento cooperativo, l'interdipendenza è forte e ben organizzata, con ogni studente che ha un ruolo definito e deve procedere in sincronia con gli altri per completare il compito, sempre sotto la supervisione attiva dell'insegnante.

Emozioni e apprendimento

(Primaria)

Elencare e spiegare una o più teorie che dimostrino il rapporto esistente tra emozioni e apprendimento.

Cosa mi chiede? La domanda si pone abbastanza chiara, è preferibile iniziare a parlare di cosa sia un'emozione per poi collegarla a delle teorie che sottolineano il legame tra emozione e apprendimento.

Le emozioni sono delle risposte a stimoli ambientali e agiscono in diversi ambiti della persona: cognitivo, affettivo, culturale, fisiologico e motivazionale. L'importanza delle emozioni a livello di sviluppo armonico della personalità viene individuata dallo psicologo e pedagogista svizzero Jean Piaget, che sottolinea l'importanza dell'associazione fra cognizione e affettività per un apprendimento efficace. Secondo questo studioso già dall'infanzia l'intelletto e le emozioni sono elementi strettamente legati che lavorano in parallelo. Ulteriori studi vengono effettuati dallo psicologo Howard Gardner, il quale sottolinea l'importanza del ruolo delle emozioni durante l'apprendimento scolastico. Secondo Gardner, la curiosità e l'entusiasmo per un determinato argomento incidono a livello di apprendimento diminuendo lo sforzo e migliorando il risultato.

Concludo affermando...

Le emozioni associate a una determinata informazione permettono di fissare quest'ultima nella memoria in modo semplice e naturale, rendendo l'apprendimento più duraturo ed efficace. Si può quindi affermare che le emozioni siano una componente essenziale per l'ottenimento di risultati e successi nell'apprendimento.

Strategie didattiche

(Sec. II grado)

Freire sostiene che <u>l'educazione è un processo collettivo</u> che coinvolge sia gli insegnanti che gli studenti, in un contesto in cui il mondo circostante svolge un ruolo importante. Gli individui imparano insieme, interagendo con il loro ambiente e con gli altri, anziché in modo isolato. <u>Facendo riferimento alla sua teoria, presentare una sua metodologia.</u>

Cosa mi chiede? La domanda chiede di fare chiarezza in merito all'affermazione e in secondo luogo di proporre un metodo sulla teoria citata.

Con la sua affermazione, Paulo Freire evidenzia l'idea che l'educazione non sia un cammino a senso unico in cui un educatore impartisce sapere a un discente, né un percorso solitario dove l'individuo acquisisce conoscenze isolato da tutto. Secondo Freire, l'educazione è piuttosto un processo collaborativo e interattivo, dove le persone imparano le une dalle altre e attraverso l'interazione con il contesto in cui vivono.

Mi accingo a presentare la metodologia.

La <u>Pedagogia Dialogica di Freire</u>, quando inserita in un contesto di scuola secondaria di primo grado, enfatizza l'interazione tra docente e studenti. In questa metodologia, l'educatore non si limita a trasferire conoscenze in maniera passiva, bensì collabora attivamente con gli studenti per creare un'esperienza di apprendimento coinvolgente e significativa. Ciò si realizza attraverso l'uso di domande aperte e stimolanti, che spingono gli studenti a riflettere e condividere le proprie opinioni.

Ad esempio, in una lezione di scienze, anziché domandare semplicemente "Che cos'è la fotosintesi?", l'insegnante potrebbe proporre la domanda "Perché la fotosintesi è fondamentale per la vita sulla Terra?". Questo tipo di interrogativo stimola un pensiero più critico e profondo.

L'impiego della Pedagogia Dialogica in classi di questo livello favorisce lo sviluppo dell'autostima, delle loro competenze critiche e della capacità di lavorare in team. Inoltre, contribuisce a una comprensione più approfondita degli argomenti trattati.

Abilità metacognitive ed empatiche

(Sec. II grado)

Con riferimento alla normativa vigente, illustrare quali <u>abilità metacognitive e competenze empatiche</u> un insegnante della scuola secondaria di secondo grado deve avere per <u>progettare interventi didattici qualificati.</u>

Cosa mi chiede? La traccia fa riferimento alla normativa vigente e per rispondere al meglio ho deciso di citare la legge che riguarda la formazione dei docenti per poi concentrarmi sull'importanza di avere tali abilità nell'esercizio della propria professione come insegnante.

La legge 107/2015 unitamente al Piano nazionale di formazione dei docenti, ribadiscono l'importanza di padroneggiare abilità empatiche e competenze metacognitive per gli insegnanti, che in questo modo riescono a creare un ambiente efficace e produttivo per apprendere.

A questo punto è utile introdurre l'importanza di tali abilità spiegando cosa sono.

Le <u>abilità metacognitive</u> permettono all'insegnante di capire a che punto è il processo di apprendimento dei propri studenti così da apportare strategie didattiche efficaci per raggiungere gli obiettivi di apprendimento. Tra le varie abilità metacognitive ci tengo a sottolineare l'autovalutazione e la pianificazione. La prima permette di valutare l'efficacia delle proprie azioni mentre la seconda consente di organizzare al meglio il proprio tempo, impiegando i materiali più idonei per quello che si desidera insegnare. Le <u>competenze empatiche</u> sono altresì importanti per creare un ambiente favorevole all'apprendimento. L'insegnante che padroneggia tali competenze è in grado di ascoltare e comprendere nel profondo le esigenze dei propri alunni, agendo con più consapevolezza nell'esercizio della propria professione. In merito alle competenze empatiche mi voglio soffermare sull'importanza del rispetto e dell'empatia, entrambi permettono lo sviluppo di un ambiente favorevole, inclusivo e altamente produttivo.

Concludo affermando...

Credo che il senso stesso dell'insegnamento si ritrovi negli argomenti appena trattati, insegnare non significa solo fornire una serie di informazioni, l'insegnante è tenuto all'impiego di tali competenze per favorire l'apprendimento e la connessione profonda con i propri studenti.

Ambiente e sviluppo della creatività nei bambini

(Primaria)

Spiegare le <u>modalità di allestimento degli ambienti</u> volti allo <u>sviluppo dell'apprendimento e della creatività</u> nei bambini.

Cosa mi chiede? La domanda fa riferimento al legame tra ambiente e apprendimento, per i bambini della scuola primaria. Inizierò illustrando l'importanza dell'ambiente, introducendo la metodologia Montessori che sottolinea questo legame.

All'interno della scuola dell'infanzia è importante che gli ambienti vengano organizzati nel modo ottimale per favorire l'ambientazione e lo sviluppo degli allievi. Un ambiente curato e accogliente, che sia a misura di bambino e stimoli la sua curiosità e creatività è importante per la crescita.

Introduco la metodologia Montessori, la quale fa un esplicito riferimento all'ambiente e all'apprendimento.

A tal proposito la metodologia Montessori prevede degli spazi pensati per la libertà di espressione e movimento del bambino, con ambienti caldi, tranquilli e ordinati, e oggetti e materiali che stimolino il suo interesse e lo invitino all'uso. Per favorire l'apprendimento in modo concentrato ma rilassante è opportuno che gli spazi siano aperti e bene illuminati, possibilmente da luce naturale; inoltre è importante che l'aula non abbia un centro focale, solitamente rappresentato dal punto in cui si posiziona l'insegnante, ma venga vista come una sorta di comunità, all'interno della quale esistono diversi spazi volti all'apprendimento.

Continuo spiegando come vengono disposti gli spazi e i materiali.

Gli spazi vengono definiti in base alle attività da svolgere: attività individuali o di gruppo, di riflessione, di lettura o disegno. I materiali resi disponibili liberamente agli alunni favoriscono la loro libera scelta dell'attività da svolgere, stimolando la creatività, l'apprendimento e la conoscenza del mondo. Un ulteriore accorgimento da tenere a mente è quello di decorare gli spazi con immagini, oggetti o scene di vita reale in modo da suscitare l'attenzione e la curiosità dei bambini, ispirando continuamente la loro creatività.

Concludo affermando...

Il connubio tra creatività e libera espressione è molto forte, i bambini che si trovano immersi in un ambiente didattico a loro favorevole dimostrano un maggior sviluppo della creatività unitamente ad altre competenze sociali importanti.

Elementi e scopi del POF per la scuola dell'infanzia

(Infanzia)

Il candidato sintetizzi gli <u>elementi e gli scopi essenziali del piano dell'offerta formativa (POF)</u>, in riferimento <u>alla scuola dell'infanzia</u>.

Cosa mi chiede? La domanda in questione fa riferimento al Piano dell'offerta formativa e ai suoi scopi; pertanto, credo che sia utile introdurre cosa sia il POF per poi procedere a delineare i suoi scopi.

Il POF che tendenzialmente ha una durata di tre anni è un documento redatto dall'istituto scolastico, all'interno del quale vengono indicati gli obiettivi didattici e organizzativi da perseguire durante il triennio scolastico. Queste progettazioni fanno riferimento alle conoscenze e alle capacità essenziali necessarie per raggiungere il livello di apprendimento prefissato e hanno lo scopo di garantire agli alunni un insegnamento adeguato, completo ed efficace. Il Piano triennale dell'offerta formativa si basa su alcuni principi di coerenza designati dalle norme del sistema scolastico, adeguati anche in base al territorio di appartenenza e comprende come temi: scuola e contesto scolastico, scelte organizzative e scelte didattiche, offerta formativa.

Adesso entro nello specifico dedicandomi alla scuola dell'infanzia.

In particolar modo il POF riferito alla Scuola dell'Infanzia prevede progetti in merito all'apprendimento di capacità comunicative e di espressione, capacità logiche e operative, sviluppo cognitivo e affettivo, sviluppo di capacità sociali e interpersonali; vengono presi in considerazione i piani di sviluppo dell'identità dei bambini, della loro autonomia e delle loro competenze.

Concludo affermando...

La scuola dell'infanzia è il primo tassello dell'istruzione dei bambini, qui apprendono a sviluppare sempre di più le loro competenze prima di fare l'ingresso alla scuola primaria. La redazione del POF aiuta a delineare gli obiettivi di apprendimento per far sì che i bambini abbiano un'offerta formativa adeguata.

Collegialità dei docenti

(Sec. II grado)

Illustrare strategie o strumenti in grado di promuovere il legame di collegialità tra i docenti, definendo le potenzialità educative e didattiche.

Cosa mi chiede? La domanda in questione chiede quali siano le potenzialità educative e didattiche del legame di collegialità; pertanto, penso di illustrare alcuni strumenti utili a questo fine così da sottolinearne le potenzialità.

Un buon legame di collegialità permette l'unione e la crescita dei docenti, migliorando anche l'apprendimento. Le migliori strategie da attuare sono inerenti alla comunicazione, la condivisione, la collaborazione, la peer review e il team building. Le prime sono inerenti alla costruzione di un buon clima di collaborazione, volto al continuo miglioramento. Le ultime due permettono l'identificazione di aree da sviluppare, così da affinare le proprie strategie di insegnamento. La peer review coinvolge gli insegnanti nella valutazione reciproca del loro lavoro, promuovendo così un approccio collaborativo e produttivo. Il Team Building si basa sulla realizzazione di rapporti sociali positivi e sull'incentivazione di un senso di comunità.

Concludo soffermandomi sulle potenzialità educative.

Le potenzialità educative sono di certo numerose, grazie al confronto reciproco gli insegnanti possono apprendere nuovi metodi o strategie per svolgere al meglio il proprio lavoro. La collegialità tra i vari docenti può promuovere la nascita di un ambiente positivo dove l'apprendimento risulta più efficace.

Le nuove tecnologie nell'ambiente scolastico

(Sec. II grado)

Il candidato discuta sull'innovazione didattica legata alle nuove tecnologie all'interno della scuola secondaria di II Grado.

Cosa mi chiede? La traccia fa riferimento all'innovazione didattica, oltre a introdurre questo concetto mi soffermerò anche sui vantaggi.

L'adozione di tecnologie avanzate nella didattica è un fattore chiave per rivoluzionare l'educazione nelle scuole superiori, offrendo un approccio più dinamico, partecipativo e su misura all'apprendimento. Utilizzando risorse tecnologiche come software educativi, lavagne digitali interattive, materiali video, giochi formativi e strumenti di realtà virtuale, è possibile trasformare le lezioni in esperienze più coinvolgenti. Queste metodologie non solo catturano l'interesse degli studenti, ma li rendono anche attori principali nel loro percorso educativo.

L'impiego di tali strumenti tecnologici è particolarmente utile per semplificare e rendere più accessibili i concetti complessi, specialmente per quegli studenti che trovano difficoltà con i metodi tradizionali. In aggiunta, la tecnologia permette una personalizzazione dell'esperienza educativa, adattando i contenuti e il ritmo di apprendimento alle necessità individuali. Questo aspetto è cruciale per supportare gli studenti con esigenze educative speciali e per includere quelli in situazioni di svantaggio, garantendo un percorso formativo equo e inclusivo per tutti.

Concludo ponendo l'accento sul ruolo dell'insegnante.

È essenziale riconoscere che, nonostante i benefici delle nuove tecnologie, queste non dovrebbero mai essere considerate come sostituti degli insegnanti. Piuttosto, le tecnologie dell'informazione e della comunicazione (TIC) dovrebbero essere utilizzate per complementare e arricchire i metodi di insegnamento tradizionali. L'integrazione efficace delle TIC nell'ambiente educativo, specialmente nelle scuole secondarie, può portare a un significativo miglioramento dell'esperienza di apprendimento.

Tuttavia, per massimizzare i benefici di questa innovazione didattica, è cruciale che gli insegnanti ricevano un supporto adeguato e una formazione specifica. Questo assicurerà che siano in grado di utilizzare al meglio le tecnologie disponibili, adattandole alle necessità del loro contesto educativo e migliorando così l'efficacia dell'insegnamento. In conclusione, mentre l'innovazione tecnologica offre grandi opportunità per l'istruzione secondaria, il suo successo dipende fortemente dall'abilità e dalla preparazione degli insegnanti nell'implementarla.

L'attendibilità della valutazione

(Sec. II grado)

Il candidato rifletta sulla <u>validità e sull'attendibilità della valutazione</u> nella scuola secondaria di II Grado.

Cosa mi chiede? Questa domanda è molto teorica pertanto penso di iniziare a parlare della valutazione e della sua importanza, includendo anche le distorsioni valutative.

La valutazione nell'ambito dell'istruzione secondaria superiore è un elemento cruciale, poiché serve a valutare i progressi degli studenti e a fornire loro un riscontro sulle competenze e le conoscenze acquisite durante il percorso formativo. Questo processo di valutazione è vitale per comprendere quanto gli studenti abbiano appreso e per guidarli verso il raggiungimento dei loro obiettivi educativi.

Nonostante la sua importanza, l'affidabilità e la correttezza delle valutazioni sono spesso al centro di discussioni tra insegnanti, studenti e famiglie. Il rischio di giudizi soggettivi e non equi è una preoccupazione comune, come è stato evidenziato in molteplici studi accademici. Queste ricerche hanno messo in luce la presenza di ciò che viene definito "bias valutativo" nel processo di valutazione.

Questi bias, come indica il termine, sono distorsioni o pregiudizi che possono alterare l'oggettività e la validità delle valutazioni, compromettendone l'affidabilità.

Continuo con degli esempi per rafforzare la mia esposizione.

Tra i principali tipi di distorsioni valutative nel contesto educativo ci sono <u>l'effetto alone, l'effetto di contrasto e la tendenza allo stereotipo.</u> L'effetto alone si manifesta quando un insegnante valuta un aspetto specifico del lavoro dello studente, trascurando gli altri. Ad esempio, potrebbe concentrarsi solo sulla grammatica di un elaborato, ignorando aspetti come la coerenza o la struttura. L'effetto di contrasto, invece, si verifica quando le valutazioni di uno studente sono influenzate dalle prestazioni precedenti di altri studenti. Un esempio tipico è quando un insegnante, dopo aver dato un voto basso a un alunno, tende a sovrastimare il successivo per compensare.

Infine, la tendenza allo stereotipo si riferisce a quando le valutazioni sono influenzate, spesso in modo inconscio, da pregiudizi personali. Questo può accadere, ad esempio, quando un insegnante assegna un voto più basso a uno studente a causa di simpatie o antipatie personali, o a causa di pregiudizi legati a genere o razza. Queste distorsioni possono compromettere gravemente l'oggettività e l'equità delle valutazioni scolastiche.

Concludo affermando...

Ridurre al minimo le distorsioni nelle valutazioni scolastiche può essere una sfida, ma è possibile attraverso l'implementazione di alcune strategie da parte degli insegnanti. L'adozione di criteri di valutazione trasparenti, dettagliati e comunicati apertamente agli studenti è un passo fondamentale. Inoltre, l'uso di strumenti di valutazione standardizzati, come test a risposta multipla o a risposta breve, può aiutare a mantenere l'obiettività.

Un altro approccio efficace è quello di condurre le valutazioni in forma anonima, ad esempio assegnando codici o identificativi non personali agli elaborati degli studenti. Questo metodo può aiutare a prevenire pregiudizi inconsci e garantire che la valutazione si basi unicamente sul merito del lavoro presentato. Seguendo queste pratiche, gli insegnanti possono lavorare verso valutazioni più giuste e affidabili, contribuendo a un ambiente educativo più equo.

Autoriflessione

(Sec. II grado)

"La pratica riflessiva è un dialogo tra il pensiero e l'azione attraverso cui divento più abile" (Donald A. Schön, filosofo americano). Argomentare criticamente quest'affermazione e analizzare quelle tecniche che sono in grado di promuovere l'autoriflessione nella scuola secondaria di II grado.

Cosa mi chiede? La domanda chiede di argomentare l'affermazione del filosofo per poi andare a presentare delle tecniche in grado di promuovere l'autoriflessione.

La riflessione è un processo dinamico in cui pensieri e azioni si influenzano a vicenda, permettendoci di trarre insegnamenti dalle nostre esperienze e adeguare di conseguenza il nostro comportamento. In ambito scolastico, specialmente nelle scuole secondarie di secondo grado, l'autoriflessione assume molta importanza. Si tratta di un processo in cui gli individui analizzano attentamente i propri pensieri, emozioni e comportamenti, contribuendo così allo sviluppo di una maggiore autoconsapevolezza.

A questo punto inizio a esaminare le varie strategie.

Esaminerò ora diverse strategie che possono essere impiegate per stimolare l'autoriflessione. Una pratica utile è la tenuta di un <u>diario personale</u>, che invita gli studenti a registrare e riflettere sulle loro esperienze, consentendo loro di osservare l'evoluzione delle proprie azioni e delle loro conseguenze.

Un altro metodo valido è la <u>discussione di gruppo</u>. Questa tecnica permette agli studenti di condividere le proprie esperienze e ricevere feedback da parte dei compagni, favorendo una profonda esplorazione di emozioni e pensieri, rafforzando l'autoconsapevolezza. L'autovalutazione rappresenta una tecnica utile, dove gli studenti possono identificare ciò che gli riesce meglio oppure no, formulando delle strategie per migliorare.

Concludo affermando...

Infine, l'apprendimento esperienziale è un'altra modalità efficace per promuovere l'autoriflessione. Gli insegnanti possono organizzare attività pratiche, che richiedono agli studenti di agire e riflettere su queste azioni, favorendo così un apprendimento diretto e profondo.

Autostima

(Sec. I grado)

La promozione del benessere scolastico passa anche attraverso il sostegno all'autostima degli studenti. Descrivere dopo aver definito il concetto di autostima, alcune azioni che gli insegnanti possono attivare in classe per sostenere e promuovere l'autostima.

Cosa mi chiede? La domanda fa riferimento al concetto di autostima e alle azioni che i docenti possono intraprendere per promuoverla.

La valutazione personale di sé stessi, che riguarda il senso di valore e la fiducia nelle proprie capacità, è ciò che definisce l'autostima di una persona. Essa gioca un ruolo fondamentale nello sviluppo emotivo e psicologico, influenzando il benessere, le relazioni e la capacità di affrontare le sfide. Per promuovere l'autostima nei propri alunni, un insegnante può adottare diverse strategie. Un approccio efficace è riconoscere le realizzazioni individuali degli studenti, celebrando i loro successi. Questo aiuta a farli sentire valorizzati e competenti. L'incoraggiamento e il feedback positivo giocano anche un ruolo cruciale, fornendo agli studenti la visione dei propri progressi e facendoli sentire supportati. Inoltre, creare opportunità di successo attraverso compiti e sfide adeguati al livello di competenza di ciascuno studente permette loro di sperimentare il successo e di costruire la fiducia in se stessi.

Promuovere l'autonomia è un altro aspetto importante. Dare agli studenti l'opportunità di fare scelte e prendere decisioni aumenta il loro senso di responsabilità e autonomia. Insegnare la resilienza e le abilità di problem solving, aiuta gli studenti a sviluppare delle skill utili per superare le prove della vita, andando così a fortificare la fiducia in quello che si fa. Un ambiente di classe dove si sentono sicuri di esprimersi e di essere sé stessi, è fondamentale per migliorare l'autostima. L'ascolto attivo e mostrare interesse genuino per le opinioni e i sentimenti degli studenti li fa sentire rispettati e apprezzati. Fornire supporto e comprensione quando affrontano difficoltà è essenziale, insegnando loro che gli insuccessi sono opportunità di apprendimento.

Infine, attività che incoraggiano l'auto-riflessione, come riflettere sui propri punti di forza, interessi e obiettivi, possono rafforzare la loro autopercezione positiva. Questi metodi, se applicati con costanza e sensibilità, possono avere un impatto significativo sull'autostima degli studenti, aiutandoli a diventare individui più sicuri e resilienti.

La mente intuitiva

(Sec. II grado)

Esaminare il pensiero di Albert Einstein riguardante il valore dell'intuizione rispetto alla razionalità, e discutere delle possibili implicazioni educative per gli studenti della scuola secondaria superiore.

Cosa mi chiede? La domanda partendo dall'affermazione di Einstein, chiede di commentarla in modo critico e di evidenziare delle potenziali ricadute a livello educativo.

Albert Einstein con la sua affermazione "La mente intuitiva è un sacro dono e la mente razionale è un servo fedele. Abbiamo creato una società che onora il servo e ha dimenticato il dono", evidenzia l'importanza cruciale dell'intuizione rispetto alla razionalità.

Questa riflessione solleva un punto critico riguardo alla tendenza della società moderna di privilegiare il pensiero logico e analitico, trascurando il valore dell'intuizione. In particolare, questa osservazione di Einstein può essere applicata al contesto educativo delle scuole secondarie di secondo grado, dove spesso si enfatizza maggiormente il pensiero razionale. La citazione ci incoraggia a considerare come un equilibrio tra intuizione e razionalità possa arricchire l'apprendimento e lo sviluppo degli studenti, e invita a ponderare sulle implicazioni di un sistema educativo che potrebbe limitarsi a valorizzare prevalentemente l'aspetto razionale.

Ora approfondisco il concetto di mente intuitiva.

La mente intuitiva rappresenta quella componente della nostra intelligenza che ci permette di afferrare e interpretare complesse situazioni senza l'analisi dettagliata di ogni aspetto. Questa capacità intuitiva ci aiuta a discernere modelli e connessioni, portandoci a fare scelte rapide in contesti incerti.

Nel contesto educativo, soprattutto in questa fascia di istruzione, è indiscutibile la rilevanza di razionalità e pensiero critico per lo sviluppo di abilità e conoscenze negli studenti. Tuttavia, è altrettanto essenziale valorizzare e riconoscere il ruolo giocato dall'intuizione nel processo di apprendimento e sviluppo degli studenti. Per raggiungere un equilibrio tra educazione razionale e intuizione, le scuole dovrebbero adottare un approccio educativo olistico che consideri la diversità dei modi di pensare e di apprendere. Tra le strategie utili, si potrebbe includere l'integrazione di materie come arte, musica e scrittura creativa, nonché l'adozione di metodi didattici che stimolino il pensiero critico, il pensiero divergente e le competenze di problem solving.

Un maggiore equilibrio tra intuizione e razionalità nel sistema educativo potrebbe avere effetti significativi, tra cui la promozione della creatività, dell'empatia e della capacità di adattamento negli studenti. Un'educazione che pone enfasi sull'intuizione può spingere gli studenti a esplorare nuove prospettive, sviluppare un pensiero laterale e trovare soluzioni innovative a problemi complessi. Inoltre, una maggiore attenzione verso l'intuizione nelle istituzioni scolastiche potrebbe favorire lo sviluppo di una consapevolezza emotiva e sociale ancora più profonda.

Gestione dei conflitti

(Primaria)

Il candidato indichi alcune attività educative per favorire la gestione del conflitto tra alunni della scuola primaria con riferimento ad autori o modelli teorici.

Cosa mi chiede? Per sviluppare questa traccia farò riferimento alla Mediazione di Rogers e alla comunicazione non violenta di Rosenmberg.

La gestione dei conflitti è una competenza essenziale nella vita sociale e professionale. Per svilupparla fin dalla scuola primaria, si possono adottare varie attività educative.

Una delle attività è l'uso della mediazione, basata sull'approccio di Carl Rogers centrato sulla persona. Questa tecnica incoraggia il dialogo e la responsabilizzazione delle parti coinvolte. Gli insegnanti possono creare scenari realistici per gli studenti, guidandoli nella ricerca di una soluzione comune attraverso la discussione.

Un altro approccio efficace è quello della Comunicazione Non Violenta (CNV) di Marshall Rosenberg, che enfatizza l'importanza dell'empatia e della gestione delle emozioni nella risoluzione dei conflitti. Le attività possono includere esercizi che migliorano l'ascolto attivo, che aiutano a riconoscere le proprie emozioni e a esprimere opinioni in maniera costruttiva.

Dopo gli approcci mi soffermo sulle tecniche.

Le tecniche come il role-playing, i giochi di ruolo e i laboratori esperienziali si rivelano particolarmente utili in questo contesto. Queste attività incoraggiano gli studenti a riflettere sui propri comportamenti e a comprendere meglio le dinamiche dei conflitti. Implementando queste strategie, gli studenti possono sviluppare abilità cruciali per la gestione efficace dei conflitti, che saranno poi utili per tutta la loro vita.

Bullismo

(Sec. II grado)

Approfondire in non più di 15 righe, le forme di prevenzione del bullismo nella scuola secondaria di II grado.

Cosa mi chiede? La domanda è abbastanza chiara inizio con il delineare il fenomeno per poi introdurre delle forme di prevenzione.

Affrontare il bullismo nelle scuole secondarie di secondo grado richiede un approccio olistico da più angolazioni. Una strategia fondamentale è lo sviluppo di una cultura basata sull'empatia all'interno della scuola. Questo può essere raggiunto attraverso programmi educativi mirati a inculcare valori di rispetto e solidarietà, specialmente verso coloro che si trovano in situazioni vulnerabili.

Un altro aspetto cruciale è l'adozione da parte delle istituzioni scolastiche di una politica di tolleranza zero verso il bullismo. Questa politica dovrebbe includere la formazione degli educatori per riconoscere e gestire i casi di bullismo, oltre all'applicazione di sanzioni appropriate a chi si rende responsabile di comportamenti aggressivi.

Inoltre, è essenziale il coinvolgimento diretto degli studenti nelle iniziative antibullismo. Incoraggiarli a partecipare a gruppi di discussione e a sviluppare progetti che favoriscano l'armonia e il rispetto reciproco può essere estremamente efficace. Questi sforzi collettivi contribuiscono a creare un ambiente scolastico inclusivo e solidale, dove ogni alunno si sente considerato. Implementare tali misure può essere un passo significativo verso l'eliminazione del bullismo e la promozione di un ambiente scolastico più sicuro e accogliente per tutti.

PDP

(Primaria)

Il candidato illustri sinteticamente gli elementi caratteristici e le funzioni specifiche del piano didattico personalizzato, distinguendo quello redatto per alunni con DSA, BES e gli altri.

Cosa mi chiede? La domanda è abbastanza chiara, l'unico aspetto sfidante credo che riguardi il parametro della sinteticità.

Il Piano Didattico Personalizzato (PDP) è un documento chiave nel contesto educativo, progettato per stabilire obiettivi e metodi didattici su misura per singoli studenti. Per gli alunni con Disturbi Specifici dell'Apprendimento (DSA), il PDP si focalizza sull'individuazione di specifiche aree di difficoltà, ad esempio in matematica o nella lettura, e sull'implementazione di misure dispensative, come l'estensione dei tempi, o l'uso di strumenti compensativi, quali software di lettura vocale o programmi specifici per il calcolo.

Per gli alunni con BES, il PDP mira a riconoscere sia i punti di forza che quelli di debolezza. Ad esempio, può trattarsi di studenti con un alto quoziente intellettivo ma con difficoltà di iperattività. In questi casi, il PDP propone interventi didattici personalizzati che mirano a mitigare le difficoltà e a promuovere il successo scolastico, come ad esempio concedere all'alunno la possibilità di alzarsi e muoversi frequentemente.

Nel caso di altri studenti, come per esempio quelli stranieri, il PDP può prevedere l'assegnazione di un tutor, l'utilizzo di materiali didattici speciali, e altre risorse specifiche, valutate in base alle necessità individuali di ciascuno studente.

Pensiero creativo e inclusione

(Sec. I grado)

Illustrare quali sono le possibili <u>strategie attuabili</u> da parte dell'insegnante volte a *sviluppare negli studenti la creatività*, indicare le motivazioni per cui la produzione di pensiero creativo è utile ai fini dell'inclusione.

Cosa mi chiede? La domanda si presenta abbastanza teorica ma per non sbagliare credo che sia opportuno procedere per gradi; pertanto, mi concentrerò sull'importanza del pensiero creativo per poi delineare delle strategie. Al termine concluderò con le motivazioni a sostegno del legame tra la creatività e l'inclusione.

L'importanza dello sviluppo di creatività da parte degli studenti è stata sottolineata da diversi studiosi, tra i quali Rudolf Steiner, che nel 1919 concepisce un approccio educativo volto a sviluppare appunto la creatività nei bambini, nonché la loro autonomia e responsabilità.

Questo approccio, denominato <u>pedagogia di Waldorf</u>, comprende il ciclo di studi dalla scuola dell'infanzia alla scuola superiore e si dota di docenti la cui formazione è basata sulla Scienza dello Spirito. La pedagogia di Waldorf individua alcuni importanti elementi che, se attuati all'interno delle scuole, vanno a favorire significativamente lo sviluppo del pensiero creativo: la presenza del gioco come strumento di formazione per gli alunni, la pazienza e il rispetto dei ritmi di apprendimento di ciascun bambino, l'attenzione e il sostegno dei bambini nella loro sfera emotiva, l'utilizzo di ambienti naturali come spazi educativi, l'insegnamento e la valorizzazione delle materie artistiche e musicali in aggiunta alle materie classiche.

Secondo Sarnoff Mednick, ideatore della teoria <u>associazionaria della creatività</u>, la creatività nasce dalla capacità associativa, cioè la capacità di collegare idee e concetti che apparentemente risultano scollegati e distanti tra loro. Secondo questa teoria esistono tre fasi di costruzione del pensiero creativo: la prima è la preparazione, dove vengono acquisite le informazioni necessarie per risolvere il problema; la seconda è l'incubazione, dove le informazioni vengono assimilate senza però attuare una ricerca attiva delle soluzioni; l'ultima fase è quella dell'illuminazione all'interno della quale nasce l'idea creativa che porta alla risoluzione del problema.

Adesso mi concentro sulle strategie che un insegnante può attuare.

Esistono comunque diverse strategie didattiche create con lo scopo di sviluppare il pensiero creativo degli studenti e promuovere allo stesso tempo l'inclusione di tutti gli alunni, eccone alcuni esempi:

<u>Il Brain Storming:</u> è una strategia educativa che pone le proprie basi sulla formulazione di idee e soluzioni in merito

a un determinato argomento. Gli studenti sono chiamati a creare una discussione di classe all'interno della quale devono ragionare, creare connessioni e generare idee e soluzioni, condividendo il proprio pensiero con i compagni. Questa tecnica stimola la creatività e il pensiero critico degli studenti, migliora le loro capacità di cooperazione e di comunicazione, favorendo un clima inclusivo e sicuro.

Lo storytelling e il dibattito: si tratta di due tecniche che richiedono e sviluppano una buona capacità comunicativa. Lo storytelling o "narrazione" promuove in particolare la creatività degli alunni, ai quali è richiesto di raccontare una storia immaginando diverse prospettive, coinvolgendo i compagni tramite l'inserimento di elementi che stimolino l'emotività. Il dibattito promuove particolarmente lo sviluppo del pensiero critico e le capacità di argomentazione, ma favorisce anche l'inclusività e la collaborazione grazie al lavoro di ricerca e di formulazione delle idee da svolgere in team.

Il Problem solving: è una tecnica volta a spingere il soggetto a valutare un determinato problema secondo diversi punti di vista. Questo metodo è stato la base per lo sviluppo di un modello innovativo denominato "teoria dei sei cappelli" di De Bono.

La tecnica dei sei cappelli consiste nell'associare sei cappelli immaginari a sei diversi tipi di pensiero, per esempio il cappello bianco al pensiero analitico, quello rosso al pensiero istintivo, quello giallo al pensiero ottimista mentre quello nero al pensiero pessimista, il cappello verde al pensiero creativo e quello blu al pensiero logico. I cappelli vanno indossati uno alla volta per riuscire a vedere il problema iniziale secondo diversi punti di vista. L'utilizzo di questo metodo favorisce lo sviluppo della creatività e del pensiero laterale in quanto presuppone il possesso di una mentalità elastica e flessibile.

Concludo affermando...

Le tecniche e metodologie specificamente create per stimolare la creatività sono numerose ma, anche in modo più generale e semplice, il sistema scolastico può favorire lo sviluppo del pensiero creativo nei propri studenti tramite la promozione di un ambiente educativo che stimoli l'esplorazione e la sperimentazione, la curiosità, la fantasia e l'immaginazione degli alunni, che incoraggi l'insegnamento delle attività creative e artistiche mettendo anche a disposizione strumentazioni e laboratori, e che valorizzi tutte le forme di intelligenza e inclusività.

Empatia e intelligenza emotiva nella scuola dell'infanzia

(Infanzia)

Il candidato illustri il <u>rapporto esistente tra empatia e intelligenza emotiva all'interno della Scuola dell'Infanzia</u>.

Cosa mi chiede? La domanda si riferisce al rapporto tra empatia e intelligenza emotiva, mi concentrerò su questo rapporto soffermandomi anche sui vantaggi in termini di apprendimento per i bambini.

L'empatia è la capacità di capire il prossimo e di immedesimarsi nelle sue emozioni e nel suo punto di vista, secondo diversi studi questa capacità deriva in parte dalla genetica, precisamente dal lavoro dei cosiddetti neuroni a specchio che si attivano nel momento in cui osserviamo determinati movimenti nella persona che abbiamo di fronte.

L'empatia, però, non è soltanto un'abilità innata che abbiamo o non abbiamo, ma è un fattore che attraverso una determinata educazione alle emozioni è possibile allenare; specialmente all'interno delle scuole dell'infanzia è di fondamentale importanza <u>lavorare sull'empatia in quanto rappresenta un elemento basilare per la costruzione delle relazioni sociali tra pari e tra bambini e insegnanti.</u>

L'intelligenza emotiva viene invece descritta da Goleman come la competenza di gestire efficacemente le emozioni altrui. Lo psicologo identifica questa qualità come un <u>elemento che non si possiede dalla nascita ma che può essere sviluppato nel corso del tempo da parte di chiunque.</u> Possedere l'intelligenza emotiva significa riuscire a sviluppare una buona consapevolezza e padronanza di sé e delle proprie emozioni, un buon livello di empatia, la motivazione a perseguire i propri obiettivi e l'abilità di riuscire a motivare gli altri a raggiungere i propri.

Concludo sottolineando la sinergia tra le due.

L'intelligenza emotiva presuppone il possesso di una buona dose di empatia perché, se non riconosciamo e non comprendiamo le emozioni del prossimo non possiamo riuscire a gestirle al meglio: queste due capacità vanno sviluppate e allenate nel tempo <u>attraverso un'educazione socio-emotiva</u> che in primo luogo dovrebbe essere impartita all'interno del sistema scolastico.

Gli insegnamenti di educazione all'emozione all'interno delle scuole dell'infanzia sono importanti perché permettono ai bambini di imparare a comprendere ed esprimere prima di tutto le proprie emozioni e i propri sentimenti, per arrivare poi a comprendere i punti di vista e le emozioni altrui, a sviluppare capacità empatiche, comunicative, collaborative e altruiste, nonché a gestire gli stati di stress e a socializzare.

Forme e obiettivi dell'autonomia scolastica

(Sec. I grado)

Illustrare le forme e gli obiettivi perseguiti dall'autonomia scolastica facendo riferimento al relativo iter normativo.

Cosa mi chiede? La domanda si presenta abbastanza teorica in quanto fa riferimento alle leggi che sostengono l'autonomia scolastica e chiede di illustrare forme e obiettivi.

Da sempre il sistema scolastico è stato supervisionato dal provveditorato agli studi, ogni scuola dipendeva in termini didattici, organizzativi e finanziari da un organo superiore. Con la legge 59/1997, attuata solo nel 2000, le istituzioni scolastiche vedono finalmente attribuirsi la personalità giuridica acquisendo conseguentemente maggiore autonomia. Dalla legge 59/97 nasce il regolamento sull'autonomia delle istituzioni scolastiche con il D.P.R. 275/1999, il quale ha lo scopo di promuovere l'autonomia delle istituzioni scolastiche italiane. Il D.P.R. 275/1999 definisce le modalità di gestione autonoma di tipo didattico, finanziario e organizzativo. Nello specifico abbiamo:

L'autonomia didattica, che fa riferimento all'autonoma gestione e organizzazione dei programmi didattici, le modalità di insegnamento in base alle diverse materie e alle diverse necessità degli alunni, includendo anche gli studenti con BES e le modalità di valutazione.

L'autonomia organizzativa, che si riferisce alla gestione autonoma del personale scolastico, dei tempi e degli spazi, e degli obiettivi relativi ai diversi percorsi di studio.

L'autonomia finanziaria, che permette la gestione autonoma da parte delle scuole; del budget, dell'acquisizione di beni necessari all'attività scolastica e dei contratti con fornitori; Successivamente anche la legge 107/2015, detta la "Buona Scuola", amplia i poteri attribuiti al dirigente scolastico dotando così ciascun istituto di maggiore autonomia e permettendo quindi di adottare misure concrete evitando iter burocratici molto lunghi. La legge della Buona Scuola vuole portare gli istituti scolastici ad avere un ruolo importante e centrale nella società, promuovendo l'innovazione e sviluppando le competenze degli alunni in un contesto inclusivo che combatta le disuguaglianze.

Concludo affermando...

Sostanzialmente, quindi, l'autonomia scolastica consiste in un trasferimento progressivo delle funzioni prima di competenza dell'Amministrazione centrale e periferica della Pubblica Istruzione a tutti gli istituti scolastici, così da avere una migliore efficacia gestionale e organizzativa.

Piano dell'offerta formativa e Rapporto di autovalutazione

(Primaria)

Illustrare la <u>relazione esistente tra il Piano Triennale dell'Offerta Formativa (PTOF) e il Rapporto di Autovalutazione (RAV)</u>.

Cosa mi chiede? La domanda fa riferimento alla relazione tra il piano dell'offerta formativa e il rapporto di autovalutazione. Procedo delineando che cosa sono per poi concentrarmi sul nesso tra le due.

Il Piano Triennale dell'Offerta Formativa rappresenta un documento di tipo identificativo dell'istituto che mira a dare una panoramica delle potenzialità e di quanto la scuola sia capace di offrire ai propri studenti. <u>La realizzazione del PTOF avviene sulla base di un altro documento, il Rapporto di Autovalutazione</u>, che si riferisce a un bilancio annuale dei punti di forza e di debolezza dell'istituto in questione e delle relative risorse di personale e finanziarie.

Il Piano Triennale dell'Offerta Formativa ha uno scopo identificativo, organizzativo e informativo, viene reso accessibile da tutti i soggetti che hanno relazioni con l'istituto come i docenti, le famiglie, gli studenti, ma anche altre associazioni e/o enti esterni. Il PTOF riporta indicazioni sui seguenti argomenti: la descrizione dell'istituto scolastico e la relativa condizione di partenza, il bilancio tra i punti di forza e di criticità, l'offerta didattica ideata sulla base dei bisogni formativi, l'orientamento ai successivi livelli d'istruzione, il totale delle ore settimanali e giornaliere, i programmi didattici e le tecniche di valutazione, i programmi di potenziamento delle conoscenze, i programmi di formazione e aggiornamento per i docenti e per il personale ATA, i sistemi previsti di prevenzione e reazione alle emergenze.

Il Piano Triennale dell'Offerta Formativa apporta quindi una panoramica sulle qualità e sui progetti dell'istituto e ha durata triennale, può però essere aggiornato ogni anno in base ai suggerimenti del PDM. Il PTOF, infatti, deve necessariamente allinearsi con altri due documenti: il Rapporto di Autovalutazione (RAV) e con il Piano di Miglioramento (PDM) il quale, sulla base dell'offerta formativa, elabora le strategie necessarie al raggiungimento degli obiettivi.

Il Rapporto di Autovalutazione, introdotto dal D.P.R. 80/2013, rappresenta invece una raffigurazione del funzionamento dell'istituto nonché il documento che stabilisce quali siano le priorità di sviluppo scolastico. Il RAV effettua l'analisi dei punti di forza e di debolezza dell'istituto, del rapporto tra i procedimenti didattici e organizzativi e i risultati dell'apprendimento.

Il RAV si compone di cinque parti: le risorse e il contesto scolastico, i risultati ottenuti dagli studenti, i procedimenti riguardanti le attività organizzative, gestionali, didattiche ed educative, la strategia di autovalutazione e gli obiettivi e le priorità dell'istituto. La conclusione e l'ufficializzazione del Rapporto di Autovalutazione danno inizio all'elaborazione del Piano di Miglioramento, che ha proprio lo scopo di progettare le azioni concrete volte a raggiungere gli obiettivi stabiliti dal RAV. Il direttore scolastico, in quanto responsabile del PDM, stabilisce insieme all'organo di valutazione le azioni concrete e necessarie da intraprendere.

Concludo affermando...

Il PTOF e il RAV sono strettamente connessi in quanto per realizzare l'uno si rende necessario anche la conoscenza dell'altro.

Rapporto tra scuola, famiglia e territorio in base alla normativa

(Primaria)

Illustrare il rapporto esistente tra <u>scuola, famiglia e territorio sulla base della normativa scolastica vigente.</u>

Cosa mi chiede? La domanda è abbastanza teorica, chiede infatti di delineare il rapporto tra questi tre soggetti in base alla normativa vigente. Inizio parlando della normativa e di quello che prevede.

La normativa scolastica vigente prevede una <u>collaborazione tra scuola, famiglia e territorio</u>, ai quali viene richiesto di perseguire gli stessi obiettivi di agevolazione, miglioramento dell'educazione e dello sviluppo dei bambini frequentanti.

Il sistema educativo scolastico si apre alla collaborazione di famiglie e territorio permettendo la loro partecipazione alle decisioni collegiali. Gli insegnanti, in primo luogo, devono essere preparati e attenti alle necessità diversificate degli alunni, aperti al dialogo con le famiglie in modo da poter svolgere un lavoro più attento e completo, così da ottenere la fiducia da parte dei genitori, elemento essenziale per un ambiente educativo tranquillo e sicuro. <u>L'importanza dell'inclusione delle famiglie</u> all'interno del sistema educativo è fondamentale in quanto esse rappresentano il più influente punto di riferimento per lo sviluppo cognitivo degli alunni. È importante che le famiglie partecipino e condividano le strategie e le finalità educative, in modo da contribuire, in linea alla formazione scolastica, allo sviluppo cognitivo dei propri bambini. L'inclusione delle famiglie permette inoltre alla scuola di venire a conoscenza delle differenti necessità degli studenti in modo da poter creare ambienti e programmi educativi che siano il più possibile inclusivi e di sostegno.

Concludo ponendo l'accento anche sull'importanza del territorio...

Un altro importante elemento è la <u>collaborazione e l'allineamento della scuola con il territorio</u>, la comunità di appartenenza e gli enti locali, in vista di un'integrazione e un miglioramento dei servizi scolastici, dell'utilizzo delle strutture e delle risorse territoriali, nonché dell'introduzione di strumentazioni e tecnologie di tipo innovativo.

Pensiero divergente e scuola dell'infanzia

(Infanzia)

Indicare le modalità di facilitazione all'interno della Scuola dell'Infanzia dello sviluppo del pensiero divergente.

Cosa mi chiede? La domanda fa riferimento al pensiero divergente e vuole conoscere le modalità in cui tale pensiero può essere facilitato. Inizio esponendo cosa sia il pensiero divergente per poi passare alla modalità del suo sviluppo.

Con il termine pensiero divergente si indica la capacità di trovare numerose e diverse soluzioni a un dato problema o molteplici risposte a un dato quesito. Il pensiero divergente si contrappone quindi al pensiero convergente che è quello al giorno d'oggi maggiormente utilizzato nel sistema di istruzione e prevede l'individuazione di un'unica soluzione, dichiarata come quella corretta, a un determinato problema.

All'interno delle Scuole dell'Infanzia è bene cercare di stimolare, attraverso attività diverse e innovative, la produzione da parte dei bambini di un pensiero divergente in quanto l'esercizio risulta per loro più efficace e semplice rispetto agli adulti, in quanto la loro visione del mondo non è ancora caratterizzata da schemi fissi o stereotipi.

Continuo sottolineando il ruolo della creatività.

Stimolare la creatività degli studenti significa parallelamente stimolare il loro sviluppo cognitivo, rendendo la loro mente più aperta e flessibile. Un ruolo fondamentale per l'incremento del pensiero divergente lo svolgono sicuramente gli insegnanti, che dovrebbero evitare di reprimere le attitudini degli studenti, promuovendo invece la condivisione delle idee e lo sviluppo della capacità di problem solving anche attraverso lavori di gruppo che permettano la pluralità e la condivisione delle opinioni.

L'insegnamento dovrebbe valorizzare l'innovazione e la flessibilità, permettendo l'utilizzo di metodi anche non convenzionali, promuovendo attività con obiettivi comuni e che attribuiscano ruoli e responsabilità ai bambini, creando collegamenti fra materie e ascoltando le proposte dei bambini. <u>Uno dei metodi più conosciuti ed efficaci per promuovere lo sviluppo del pensiero divergente è il gioco libero</u>, attraverso il quale il bambino può dare spazio alla sua immaginazione e creatività senza essere limitato da regole precise. Numerosi studi, tra i quali quelli di Piaget e di Bruner, indicano il modo in cui il gioco permetta lo sviluppo della creatività nei bambini tramite l'opportunità di affidarsi alla loro fantasia, seguendo logiche fantasiose e improbabili, esentandosi da ogni logica e regola.

Concludo rafforzando la mia tesi sull'importanza del gioco...

Il gioco, infatti, non deve necessariamente seguire nessi logici, temporali e causali, ma può al contrario allontanarsi da tutti gli stereotipi, giudizi e pregiudizi che vanno a ostacolare la creatività e il pensiero divergente. Attraverso l'atto del gioco libero il bambino diventa capace di esprimere tutte le sue idee senza paura di sbagliare o di essere corretto.

Intelligenza emotiva, empatia e memoria

(Primaria)

Illustrare il ruolo che l'intelligenza emotiva e l'empatia assumono nei processi di apprendimento e di memoria.

Cosa mi chiede? La domanda chiede di illustrare il ruolo dell'intelligenza emotiva e dell'empatia nei processi che coinvolgono l'apprendimento e la memorizzazione. Inizio illustrando il ruolo di questi elementi per poi associarmi al concetto di apprendimento.

L'intelligenza emotiva e l'empatia svolgono un ruolo fondamentale nei processi di memorizzazione. Diversi studi hanno dimostrato che le emozioni positive, come l'entusiasmo, la curiosità e la gioia, possono aiutare a migliorare l'attenzione, la motivazione e l'interesse verso un determinato argomento, semplificando in questo modo i processi di apprendimento. Le emozioni negative, in modo opposto, possono diminuire l'attenzione e la motivazione degli studenti, interferendo così con i processi di apprendimento e interiorizzazione delle conoscenze. Le emozioni sono un elemento mutevole e inevitabile della vita di un individuo, ma il possesso di un'intelligenza emotiva può essere utile per gestirle e controllarle.

Adesso mi concentro sull'empatia, ovvero la capacità di comprendere gli altri.

L'empatia si configura come la capacità di comprendere le emozioni altrui e si attiva grazie al lavoro dei neuroni specchio. Quando proviamo empatia verso qualcuno, è probabile che si attivino le stesse connessioni neurali anche nel nostro cervello. Questo fenomeno può favorire i processi di memorizzazione delle informazioni e/o delle esperienze che coinvolgono emozioni forti o importanti.

Concludo rafforzando i concetti esposti.

In conclusione, quindi, sia l'intelligenza emotiva che l'empatia favoriscono la creazione di un ambiente di apprendimento più efficace, stimolante e positivo, incentivando l'interesse, la motivazione, la comprensione e la condivisione delle emozioni individuali e altrui.

Campi di esperienza e sviluppo dei bambini

(Infanzia)

Indicare e spiegare i campi d'esperienza e il loro ruolo per lo sviluppo dei bambini, come delineato dalle Indicazioni Nazionali.

Cosa mi chiede? La domanda fa riferimento ai campi di esperienza e allo sviluppo dei bambini grazie a questo apprendimento. Procederò illustrando cosa sono i campi di esperienza per poi concentrarmi sulla loro valenza in termini di crescita dei bambini.

Un ruolo fondamentale per l'apprendimento del bambino è rappresentato dall'esperienza: giocare, tentare e sbagliare danno la possibilità al bambino di interiorizzare gli apprendimenti tramite la sua diretta esperienza. Proprio perché le esperienze sono così importanti nel processo educativo, sono stati suddivisi i diversi campi esperienziali che riguardano differenti attività e capacità, e simultaneamente sono stati definiti a livello nazionale i relativi obiettivi in termini di competenze che i bambini dovrebbero raggiungere durante gli anni della scuola dell'infanzia.

Adesso procedo a delineare i diversi campi di esperienza.

Ciascun campo di esperienza è caratterizzato da un insieme di evocazioni, immagini, oggetti, materiali, situazioni e linguaggi che si riferiscono alle differenti sfaccettature culturali e che aiutano a rendere l'apprendimento più sicuro e stabile. Gli <u>orientamenti nazionali</u> danno alle scuole delle linee guida su come organizzare il lavoro e le diverse attività in modo da promuovere al meglio l'apprendimento delle competenze.

I campi esperienziali si suddividono in <u>cinque macrocategorie:</u>

1. *Il sé e l'altro:* questo campo d'esperienza fa riferimento alle innumerevoli domande che i bambini si pongono tutti i giorni sulla vita, sulla loro identità, sugli eventi quotidiani ai quali assistono, sui cambiamenti sociali e ambientali, e in generale sul significato del mondo. La scuola si pone come aiutante per permettere alle alunne e agli alunni di trovare le risposte alle loro domande e per dare un significato a ciò che li circonda. Il lavoro programmato su questo campo di esperienza ha come obiettivo per il bambino di <u>riuscire a crearsi una sua identità</u>, a comprendere sé stesso, le sue emozioni e le sue esigenze, a conoscere e comprendere la sua cultura ed eventualmente la sua religione, di imparare a esprimersi, sostenere le proprie idee e a confrontarle con quelle degli altri, ad ascoltare e rispettare il prossimo.

2. *Il corpo e il movimento:* per i bambini il corpo rappresenta il primo strumento che gli permette di conoscere sé stessi e il mondo che li circonda. Le attività del giocare, correre e saltare, maneggiare giochi e strumenti, interagire con gli altri permettono loro di scoprire nuove sensazioni ed emozioni, di collocare sé stessi nello spazio e di potersi esprimere in modi diversi da quello puramente verbale. Lo scopo di questo campo esperienziale è quello di permettere agli alunni di conoscere il proprio corpo in tutte le sue parti, di decifrare i segnali che esso emana, e di prendersene cura. È inoltre importante che i bambini sviluppino capacità espressive e artistiche utilizzando il corpo come strumento e come aiuto, e che sappiano interagire con il mondo e con gli oggetti che li circondano.

3. *Immagini, suoni, colori:* l'arte permette ai bambini di esprimere le proprie idee e le proprie emozioni attraverso la fantasia e la creatività. Far conosce agli alunni diverse tipologie di materiali e di forme espressive e metterle a loro disposizione favorisce la loro curiosità e la voglia di sperimentare e creare cose nuove, stimolando così in loro l'apprendimento e la creatività. Lo scopo di questo campo d'esperienza è proprio quello di permettere agli studenti di utilizzare differenti modi e linguaggi per esprimersi, utilizzando il disegno, la musica o la drammatizzazione per raccontare i propri pensieri e sentimenti, di appassionarsi e di apprezzare il mondo dell'arte, dello spettacolo e della musica esplorando anche gli alfabeti musicali.

4. *I discorsi e le parole:* il linguaggio è lo strumento principale di espressione del pensiero e il suo apprendimento è essenziale per riuscire a comunicare con il prossimo. Il

bambino inizia a conoscere gli elementi della propria lingua in modo via via più articolato, arricchendola nel tempo di ulteriore lessico e sfaccettature, imparando a esprimersi in modi sempre diversi e più precisi; queste abilità vengono accresciute durante gli anni della scuola dell'infanzia e vengono affiancate spesso dall'inserimento di una lingua diversa da quella nazionale, per permettere la conoscenza di nuove culture e nuove tradizioni. L'apprendimento delle parole e del linguaggio comporta lo sviluppo di un pensiero logico e creativo e l'acquisizione di capacità di ascolto di testi e racconti, di comprensione dei giochi e di dialogo con gli altri, inoltre facilita la possibilità di sperimentazione e gioco con la lingua italiana tramite la creazione di giochi di parole, rime e filastrocche. Gli obiettivi di questo campo di esperienza sono quindi proprio quelli di familiarizzazione con la lingua, imparando a comunicare, a esprimersi e ad argomentare, di giocare e sperimentare con il linguaggio e con i suoni, di comprendere e creare narrazioni, di avvicinarsi alla scrittura e a lingue diverse dalla propria.

5. *La conoscenza del mondo:* questo campo di esperienza si basa sulla tendenza dei bambini a esplorare il mondo che li circonda, a porsi domande e a cercare le risposte, organizzando e dando un significato agli eventi che accadono. Questa tendenza a risolvere quesiti essenziali riguardanti gli esseri viventi, gli oggetti o gli eventi li spinge a sviluppare un ragionamento logico e matematico. Gli orientamenti suggeriscono di fare osservare e sperimentare ai bambini il proprio corpo e gli organismi vegetali o animali possibilmente all'interno del loro habitat naturale. Un altro aspetto della conoscenza del mondo riguarda la familiarizzazione con i numeri e con le misure: i bambini

iniziano ad avvicinarsi al mondo dei numeri tramite quelli che vengono da loro utilizzati quotidianamente, per esempio tramite il conteggio, la somma, la sottrazione o la divisione degli oggetti e dei giochi.

Concludo affermando...

L'esperienza è importante e durante gli anni scolastici si va a rafforzare ulteriormente questo concetto in quanto l'apprendimento non può essere scisso dal concetto di esperienza ma ne è parte integrante.

Costituzione, contenuti e innovazioni del PTOF

(Primaria)

In riferimento alle normative, illustrare le fasi di costituzione, i contenuti e le innovazioni del Piano Triennale dell'Offerta Formativa.

Cosa mi chiede? La domanda chiede di illustrare cos'è il PTOF, quali leggi vi sono dietro la sua costituzione, i contenuti e le innovazioni che il piano stesso apporta. Inizierò parlando di cosa si intende per PTOF per poi illustrare ogni punto chiesto dalla domanda.

Il PTOF è un documento redatto da ogni istituto scolastico concernente gli obiettivi didattici e organizzativi che la scuola intende raggiungere nell'arco del triennio. Tali obiettivi vengono stabiliti in coerenza con le indicazioni nazionali ma elaborati in modo da tenere in considerazione le esigenze dei singoli istituti e del territorio di appartenenza. Il Piano Triennale dell'offerta formativa viene elaborato, entro la fine di ottobre dell'anno precedente al periodo temporale considerato, dal collegio dei docenti congiuntamente al preside, per essere poi sottoposto all'approvazione del consiglio d'istituto. Sebbene la redazione spetti agli insegnanti e al dirigente scolastico è bene ricordare come sia necessario l'allineamento con le proposte dei consigli di classe e per quanto riguarda gli istituti secondari di secondo grado, anche con quelle degli studenti. Il PTOF deve successivamente essere approvato dall'USR e dal MIM, a questo punto diverrà ufficializzato e sarà possibile effettuare eventuali modifiche ogni anno entro il mese di ottobre. Questo documento viene realizzato sulla base del rapporto di autovalutazione dei punti di forza e di debolezza, sul piano di miglioramento e sulla base della disponibilità di risorse umane, professionali, finanziarie e territoriali. Il PTOF ha lo scopo di promuovere la progettualità e di comunicare gli obiettivi e le risorse disponibili in quanto accessibile a tutti i soggetti interni o esterni all'istituto tra i quali alunni e famiglie, docenti, enti territoriali.

La redazione del Piano Triennale dell'offerta formativa deve essere effettuata con correttezza e trasparenza dei dati, e deve perseguire una visione organica e completa che inserisca i seguenti argomenti: la descrizione della situazione di partenza dell'istituto, il bilancio tra gli attuali punti di forza e di debolezza, gli attuali bisogni formativi, gli obiettivi dell'offerta formativa e didattica e del percorso educativo, i programmi individuati per ciascuna classe, le strategie di valutazione che si intendono adottare e le metodologie di potenziamento e sviluppo delle competenze, il monte ore giornaliero e settimanale, orientamento ai livelli successivi di istruzione, il regolamento di istituto, gli obiettivi di formazione e aggiornamento degli insegnanti e del personale ATA, l'adottamento di operazioni di sicurezza, emergenza e prevenzione, gestione dei rapporti interni ed esterni all'istituto. Gli obiettivi da perseguire quindi comprendono diversi campi, da quello curricolare a quello extra-curricolare, in particolare modo riguardano però le attività didattiche se previste, e gli obiettivi educativi. Gli obiettivi disciplinari di importanza prioritaria per ogni ciclo di istruzione sono lo sviluppo di competenze linguistiche e logico-matematiche.

Concludo affermando che...

Il Piano Triennale dell'Offerta formativa (PTOF) rappresenta una modifica del precedente Piano dell'Offerta Formativa (POF) in seguito alla legge riforma L.107, la differenza sostanziale si trova nella durata triennale degli obiettivi del piano dell'offerta formativa, ferma comunque la possibilità di apportare modifiche all'inizio di ogni anno scolastico. Ulteriori innovazioni sono state inserite proprio con la L.107 che introduce la disciplina del potenziamento delle competenze degli alunni, il coinvolgimento delle istituzioni locali e territoriali, la promozione di formazione e aggiornamento dei docenti e del personale scolastico, l'individuazione della necessità delle risorse, la promozione delle pari opportunità e dell'inclusività.

Un ulteriore elemento di innovazione risiede nei soggetti aventi diritto alla redazione del PTOF, che si identificano in ciascun membro del collegio dei docenti e nel dirigente scolastico. Il dirigente, quindi, non è l'unico soggetto decisionale, ma è affiancato in modo diretto o indiretto nell'organizzazione dell'offerta formativa e nelle decisioni sulle attività organizzative, educative, curriculari ed extra-curriculari da tutta l'istituzione scolastica.

Tipi di valutazione

(Sec. I grado)

Il candidato descriva, in non più di 15 righe, le differenze tra valutazione diagnostica, valutazione sommativa e valutazione formativa.

Cosa mi chiede? L'oggetto della domanda è molto chiaro, pertanto, procederò a delineare i diversi tipi di valutazione.

La valutazione diagnostica è un metodo impiegato per identificare le aree in cui uno studente può presentare lacune nelle sue conoscenze o abilità. Questa forma di valutazione è tipicamente usata all'inizio di un corso di studi o di un modulo didattico per determinare le necessità formative degli studenti e per stabilire un punto di partenza per il piano di insegnamento.

D'altra parte, la valutazione sommativa si concentra sul valutare quanto gli studenti abbiano appreso al termine di un percorso educativo o di una specifica unità di studio. Questa valutazione è spesso utilizzata per assegnare un voto finale o per fornire un giudizio complessivo sulle competenze acquisite, oltre a identificare eventuali aree di miglioramento nell'approccio didattico del docente.

Mi avvio verso la conclusione presentando l'ultima valutazione.

Infine, la valutazione formativa è un processo continuo che si svolge durante il percorso di apprendimento. Ha il fine di seguire i miglioramenti degli studenti, fornendo loro feedback regolari e mirati. Questa valutazione è importante per gli alunni perché gli permette di capire le aree che devono migliorare.

Didattica inclusiva e teorie socio-pedagogiche

(Primaria)

Illustrare, basandosi su teorie socio-psico-pedagogiche, i principi tecnici e metodologici di una didattica di tipo inclusivo.

Cosa mi chiede? La domanda chiede di illustrare le teorie psico-pedagogiche in relazione alla didattica inclusiva. Inizio dando una definizione di didattica inclusiva, per poi andare a delineare obiettivi e strategie.

Una didattica di tipo inclusivo è una tipologia di insegnamento che tiene conto delle competenze e delle necessità di tutti gli studenti, compresi, ma non esclusivamente, gli studenti con BES e DSA. Una didattica inclusiva, infatti, permette lo sviluppo e l'apprendimento delle competenze a tutte le alunne e gli alunni in modo che nessuno si senta escluso e non valorizzato.

Delineo i principali obiettivi.

Alcuni dei principali obiettivi di questo tipo di didattica sono quelli di valorizzare e promuovere differenti strategie di apprendimento, adottare una metodica di insegnamento che presupponga la partecipazione attiva di tutti gli alunni differenziandosi dalle classiche lezioni di tipo frontale, sviluppare la fiducia degli studenti in sé stessi e nelle loro capacità, creare una tipologia di insegnamento interattivo, che coinvolga e motivi gli studenti, adottare strategie di insegnamento che presuppongano il dialogo e la cooperazione fra gli alunni.

Adesso mi concentro sulle strategie.

Tra le varie strategie di didattica inclusiva possiamo trovare la tecnica del "cooperative learning", cioè dell'apprendimento cooperativo. Questo metodo presuppone la creazione di piccoli gruppi di alunni con lo scopo di studiare e apprendere insieme: questa tecnica per alcuni studenti si rivela maggiormente efficace rispetto alle lezioni tradizionali perché grazie all'interazione con i compagni vengono stimolati l'interesse, il senso di interdipendenza e di responsabilità, un maggiore livello di concentrazione, di memorizzazione, e le capacità sociali. L'apprendimento cooperativo però è solo una delle innumerevoli tecniche di didattica innovativa che è possibile utilizzare per un insegnamento più inclusivo, come, ad esempio:

Il Tutoring: alcuni studenti più grandi o più competenti si pongono come tutor/sostegno agli studenti che necessitano aiuto nell'apprendimento. La strategia si rileva utile sia per lo studente che viene aiutato perché spesso la comunicazione tra pari è più efficace e la paura di sbagliare viene meno, sia per lo studente che svolge il ruolo di tutor in quanto acquisisce maggiore senso di responsabilità e memorizza meglio i concetti grazie alla ripetizione. In questo modo gli studenti con più difficoltà a seguire le lezioni dell'insegnante vengono comunque inclusi nel processo di apprendimento tramite una tecnica non convenzionale.

Concludo affermando...

Anche l'utilizzo di tecnologie a sostegno della didattica può essere d'aiuto, come per esempio l'impiego della robotica educativa che suscita l'interesse degli alunni facilitandone l'apprendimento. L'utilizzo di tecnologie innovative stimola processi di apprendimento di tipo attivo e autonomo negli studenti e la loro motivazione a imparare, inoltre rappresenta un buono strumento per tentare di diminuire il digital divide.

Piano annuale per l'inclusione

(Primaria)

Definire il concetto di Piano Annuale per l'Inclusione, includendo esempi di tipo pratico in riferimento alla scuola primaria.

Cosa mi chiede? La domanda è abbastanza chiara, pertanto, penso di procedere con la definizione e poi con degli esempi in modo da rafforzare quanto esposto.

Il Piano Annuale per l'Inclusione (PAI) è un documento tramite il quale gli istituti scolastici, dopo avere individuato i bisogni di tipo educativo e formativo degli alunni, determinano e progettano gli interventi necessari per un'offerta didattica di tipo inclusivo. Il Piano annuale per l'inclusione rappresenta un elemento molto importante ai fini della progettazione dell'offerta formativa della scuola e viene così inserito come parte fondamentale del PTOF.

Tale Piano è rivolto a tutti gli alunni che presentano dei bisogni educativi speciali (BES) che si suddividono in diverse categorie come studenti in situazione di svantaggio linguistico, culturale e socioeconomico (es. NAI), studenti con condizioni di disagio relazionale e comportamentale, studenti che presentano DSA (disturbi specifici dell'apprendimento) o disturbi evolutivi specifici. Il PAI viene redatto e approvato annualmente entro il 30 giugno dal gruppo di lavoro inclusione congiuntamente al collegio dei docenti.

Adesso procedo a delineare gli esempi pratici richiesti dalla domanda.

Alcuni esempi pratici di scelte educative e didattiche individuate ai fini dell'inclusività nella scuola primaria possono essere la <u>definizione di una didattica personalizzata e/o individualizzata,</u> e <u>l'utilizzo di strumenti compensativi.</u> Per didattica personalizzata si intende una strategia didattica che costruisce su misura gli obiettivi di apprendimento legati a determinati alunni, che si riveleranno diversi da quelli del resto della classe; spesso la didattica personalizzata si serve di strumenti quali verifiche differenti, tempi delle prove più lunghi, presenza di assistenti, quantità minore di compiti assegnati per casa e possibilità di interrogazioni programmate.

Gli strumenti compensativi sono mezzi che permettono all'alunno con differenti necessità di riuscire a superare un ostacolo o un blocco e arrivare sullo stesso piano dei propri compagni di classe. Per determinate categorie di studenti, infatti, alcune attività o compiti particolarmente difficili possono rappresentare uno scoglio per l'apprendimento e si rivela quindi necessario prendere una strada diversa per riuscire a sviluppare le competenze prefissate. Alcuni esempi di strumenti compensativi che permettono allo studente di convogliare l'attenzione sui compiti cognitivi più complessi, semplificando il processo sono: la calcolatrice, la tabella delle formule, l'uso del Pc o del traduttore.

Concludo sottolineando l'importanza di tali strumenti.

Il Piano annuale per l'inclusione e uno strumento importante che consente attraverso diversi strumenti di apprendere senza sentirsi esclusi.

Reti di scuole

(Sec. II grado)

In relazione alla normativa, si definiscano le <u>caratteristiche, gli scopi e le utilità delle Reti di scuole.</u>

Cosa mi chiede? La domanda fa riferimento alle reti di scuole, alla loro utilità, caratteristiche e scopi. Inizio citando la normativa così da fornire una definizione più precisa.

Le istituzioni scolastiche, in seguito alla normativa introdotta dal D.P.R. 275/1999, hanno il diritto di decidere in autonomia di aderire a reti scolastiche già istituite o di proporre la creazione di nuovi accordi di rete. <u>Gli accordi di rete</u> possono essere stipulati tra due o più istituzioni scolastiche, dando priorità alle istituzioni in condizioni di difficoltà, con la finalità di collaborare per raggiungere risultati e obiettivi di comune interesse e per ampliare e migliorare la propria offerta formativa. Al fine di raggiungere tali risultati vengono definiti e trascritti in accordi ufficiali i metodi gestionali, progettuali e organizzativi che si intendono adottare.

Sempre con la finalità di raggiungere gli obiettivi prefissati, le reti di scuole possono istituire dei laboratori di diverso tipo: ricerca e sperimentazione didattica, documentazione telematica, formazione e aggiornamento dei docenti e del personale ATA, orientamento al mondo scolastico e lavorativo. Possono essere previste attività di ricerca e sviluppo, formazione, sperimentazione e aggiornamento, nonché scelte di tipo amministrativo, contabile e di acquisto di beni e/o servizi, pur rimanendo sempre autonoma la gestione dei bilanci delle singole istituzioni. Il regolamento in materia prevede inoltre la possibilità di interscambio temporaneo dei docenti (previo loro consenso) fra le istituzioni appartenenti alla rete scolastica.

Concludo parlando degli accordi, necessari per la funzionalità dell'intero progetto.

Al fine della stipulazione di un contratto di rete la normativa prevede che vengano identificati la durata dell'accordo, un organo responsabile del progetto con i relativi poteri e competenze e le risorse umane e finanziarie che le diverse istituzioni mettono a disposizione del progetto. L'accordo terminato va trasferito alle segreterie dei singoli istituti e reso disponibile per la consultazione. Gli accordi possono essere stretti da tutte le scuole, che siano statali o private, e possono partecipare anche università, enti e associazioni, istituzioni e agenzie territoriali che sono disposte a contribuire alla realizzazione dei determinati obiettivi.

Emozioni, teorie e sviluppo potenzialità nella scuola dell'infanzia

(Infanzia)

Illustrare il <u>concetto di emozione</u> e <u>le teorie</u> a esso collegate, successivamente spiegare come la scuola dell'infanzia possa intervenire <u>per sviluppare le potenzialità di tutte le alunne e gli alunni.</u>

Cosa mi chiede? La domanda chiede di illustrare il concetto di emozione, anche attraverso l'analisi di diverse teorie a sostegno, in ultimo chiede di spiegare quali sono gli interventi più utili per lo sviluppo delle potenzialità degli alunni. Inizio introducendo il concetto di emozione.

L'emozione viene definita come risposta a un determinato stimolo e permette di regolare il nostro comportamento, di migliorare e completare la nostra comunicazione e di reagire in modo immediato a un dato evento.

Mi accingo a introdurre alcune teorie.

Il costrutto delle emozioni viene spiegato da numerosi studiosi, tra i quali <u>James-Lange</u>, che identifica le emozioni come risposte di tipo fisiologico, indicando come la risposta fisica vada a innescare l'esperienza emotiva.

La teoria di Cannon-Bard sostiene invece che l'esperienza emotiva e la risposta fisiologica avvengano in parallelo; ma soltanto con la teoria dei due fattori di Schachter-Singer le emozioni vengono intese come prodotto sia delle risposte fisiologiche che delle elaborazioni cognitive di un dato evento. Per lo psicologo Sroufe nello sviluppo emotivo assumono una grande importanza le prime esperienze, al contrario Izard sostiene che esistono nell'individuo delle emozioni innate, che vengono successivamente influenzate dalle esperienze di tipo sociale e culturale, le quali rendono alcune emozioni prevalenti sulle altre. Tutte queste teorie indicano come le emozioni pervadano diversi ambiti, tra i quali quello cognitivo e quello motivazionale. Jean Piaget con la sua teoria attribuisce una grande importanza alle emozioni per il processo di apprendimento, che grazie all'associazione affettiva risulta più semplice e forte.

Anche Howard Gardner sostiene questa tesi, sottolineando che la presenza di entusiasmo ed emozioni positive possono favorire un apprendimento meno faticoso con risultati migliori e duraturi.

Concludo parlando del metodo e degli effetti positivi che comporta per gli alunni.

Un metodo di apprendimento che faccia leva sulle emozioni permette ai bambini di interiorizzare al meglio gli insegnamenti e di sviluppare qualità e capacità basate sulla loro esperienza personale. Coinvolgere gli alunni a livello affettivo porta a una maggiore attenzione e motivazione da parte degli stessi e a un conseguente sviluppo delle loro potenzialità.

Creatività, spirito critico e risoluzione dei problemi

(Sec. I grado)

Definire il nesso esistente tra creatività e spirito critico nel campo della risoluzione di un problema o di una situazione difficile.

Cosa mi chiede? La domanda si concentra sul nesso tra la creatività e il pensiero critico quando si è chiamati a risolvere un problema o comunque sia una situazione difficile. Inizio a parlare del legame tra creatività e pensiero critico per poi collegarmi alla risoluzione di un problema.

La creatività e il pensiero critico sono due elementi fondamentali da possedere per riuscire a superare una situazione particolarmente complicata o un problema difficile da risolvere; questi due elementi sono fattori che possono essere allenati tramite delle tecniche e degli esercizi che stimolino la mente a essere più aperta e flessibile.

Introduco una possibile tecnica che porta alla risoluzione dei problemi.

<u>Il problem solving</u> viene definito come la capacità del soggetto di ideare e identificare più soluzioni a un determinato problema che gli viene presentato, ma non è per forza un'abilità innata: esistono degli step da seguire per facilitare il processo, che consistono nell'iniziale analisi del problema identificandone gli elementi salienti seguita dallo sviluppo di una strategia risolutiva. Risolvere problemi trovando soluzioni efficaci richiede una buona dose di creatività che permetta <u>di vagliare una moltitudine di opzioni</u>

e considerare molteplici punti di vista, ma anche la capacità di pensiero critico che permetta di distinguere le soluzioni potenzialmente produttive e corrette da quelle meno efficienti ed efficaci.

Concludo sottolineando l'importanza di riuscire a risolvere i problemi in quanto tale abilità sarà utile in tutte le fasi della vita.

L'abilità di risolvere problemi rappresenta un elemento fondamentale che gli allievi necessitano di perfezionare per eccellere sia nel percorso scolastico che in quello professionale. Integrando il problem solving all'interno delle pratiche didattiche, è possibile promuovere lo sviluppo del pensiero critico e della creatività negli studenti, oltre a incoraggiare il lavoro di squadra e la collaborazione.

Scienza del se ed emozioni

(Primaria)

Illustrare un percorso di alfabetizzazione di tipo emozionale riferendosi alla Scienza del sé e allo studio delle emozioni.

Cosa mi chiede? La domanda si concentra sull'illustrazione di un percorso di alfabetizzazione emozionale che comprenda la scienza del se e le emozioni. Inizio parlando della scienza del se per poi addentrarmi nel percorso.

La Scienza del Sé è un sistema che aiuta il soggetto a sviluppare una connessione con sé stesso, e a conoscere le proprie emozioni e i propri sentimenti.

La Scienza del sé permette di aprire sé stessi al mondo, sviluppando un approccio responsabile e l'empatia. Questa tipologia di disciplina permette di accrescere la propria autoconsapevolezza, cioè la capacità di conoscere le proprie emozioni e sentimenti, distinguendoli e identificandoli con un proprio nome, inoltre permette al soggetto di creare e/o individuare connessioni logiche tra i pensieri e i sentimenti.

Inizio a parlare del percorso.

Un percorso sulla Scienza del sé prevede l'interazione con tematiche differenti, come la conoscenza dei propri bisogni e dei propri valori; il proprio sistema morale, di convinzioni e di pregiudizi che inevitabilmente influenzano il comportamento e la propria visione del mondo; le capacità e talenti, il possesso di empatia e di intelligenza emotiva e il loro utilizzo nell'interazione con gli altri, l'allenamento della creatività, i progetti di vita. Questa disciplina, infatti, si rivela utile anche per lo sviluppo dell'empatia, permettendo al soggetto di riconoscere e capire i sentimenti altrui, nonché per la capacità di ascolto attivo e comportamento proattivo all'interno delle relazioni con gli altri. Vengono sviluppate anche capacità di collaborazione, di negoziazione e risoluzione dei problemi e conflitti.

La tecnica suggerita dalla Scienza del Sé è proprio quella di abbandonare i preconcetti e le convinzioni sociali lasciando spazio a una profonda conoscenza e crescita personale, in questo modo il soggetto può ritrovare la propria autenticità, riscoprendo i propri valori, interessi e talenti. La Scienza del Sé pone le sue basi su nove punti salienti quali i bisogni e i valori, i talenti, le convinzioni, le emozioni, la creatività, la comunicazione di tipo empatico, i propositi e i progetti di vita.

Mi concentro sul contesto scolastico.

L'argomento in quanto tale richiede, nel contesto scolastico, che i docenti pongano l'attenzione sul lato emozionale che coinvolge i propri studenti, tematica che generalmente viene abbandonata con il tempo dopo i primissimi cicli di istruzione. <u>Il metodo di apprendimento deve fare dunque leva sulle emozioni degli alunni</u>, parlando di argomenti concreti tramite l'utilizzo di un alfabeto emotivo: si discute dei sentimenti che si possono provare all'interno del contesto scolastico come il senso di esclusione, di invidia, di rabbia, di dolore o di rassegnazione.

<u>L'alfabetizzazione emotiva</u> è una tecnica di apprendimento delle emozioni che insegna allo studente a riconoscerle, a capirne l'utilità e il significato, a esprimerle e gestirle. Lo sviluppo emotivo, infatti, è un elemento essenziale per lo sviluppo cognitivo dello studente e gli permette di sviluppare delle tecniche di copying essenziali per il superamento di situazioni difficili e problematiche.

Concludo ponendo l'accento sull'alfabetizzazione emotiva.

L'alfabetizzazione emotiva è quindi una disciplina di pari importanza rispetto a tutte le materie tradizionali che vengono proposte nelle scuole odierne, e come già sostenuto dallo psicologo Daniel Goleman in passato, l'educazione emozionale e sociale dovrebbe essere parte regolare dell'educazione degli studenti all'interno delle scuole.

Ruoli e competenze degli organi collegiali

(Sec. II grado)

Fornire una panoramica dei <u>ruoli e delle competenze</u> dei differenti <u>organi collegiali.</u>

> Cosa mi chiede? La domanda è abbastanza chiara in quanto chiede una panoramica dei vari organi collegiali, procedo in modo schematico a esporre quanto richiesto.

All'interno degli istituti scolastici sono previsti degli organi collegiali, i quali si compongono di membri che vengono eletti da coloro che appartengono alla stessa categoria. La funzione degli organi collegiali varia a seconda del relativo livello e può essere di tipo consultivo/propositivo.

I principali organi collegiali sono rappresentati da:

- <u>Assemblea dei genitori:</u> i genitori degli studenti si riuniscono tra loro in un'assemblea con il fine di discutere di eventuali problemi riguardanti la classe specifica dei loro figli o in generale l'organizzazione della scuola. Le assemblee genitoriali possono per l'appunto essere di classe oppure di istituto e i rappresentanti vengono eletti proprio durante il loro svolgimento. I rappresentanti hanno il diritto di chiedere al dirigente scolastico la disponibilità dei locali per svolgere le assemblee, alle quali sia il dirigente stesso che gli insegnanti possono partecipare.

- <u>Assemblee degli studenti:</u> esistono solo all'interno delle scuole secondarie di secondo grado e vengono svolte con cadenza mensile fatta eccezione per l'ultimo trimestre dell'anno. Le assemblee vengono richieste dal comitato studentesco o su domanda di una percentuale di studenti non inferiore al 10%. Al contrario delle assemblee dei genitori, le assemblee studentesche vengono svolte durante l'orario curriculare ma non possono essere richieste regolarmente nello stesso giorno della settimana, la durata non può essere superiore alle due ore.

- Consiglio di classe: i genitori eletti partecipano ai consigli di classe, i quali si occupano di monitorare l'andamento della sezione, generando idee e proposte per migliorare le attività e il rapporto tra scuola e famiglia. Qualunque genitore ha il diritto di proporsi alle elezioni, che avvengono annualmente entro la fine del mese di ottobre, tutti i genitori posseggono il diritto di voto.

- Consiglio di circolo/istituto: questo organo collegiale rappresenta tutte le categorie scolastiche, tra le quali gli insegnanti e gli studenti (nella scuola secondaria di secondo grado), le famiglie e il personale ATA. Le elezioni per il consiglio di istituto sono di durata triennale e tutti i genitori, sia padre che madre di ogni alunno, hanno il diritto di votare i propri rappresentanti.

Le principali funzioni dei consigli d'istituto sono quelle di approvare e/o modificare il PTOF, di adattare il calendario dato dall'USR in base alle necessità territoriali, di disporre il regolamento d'istituto, di valutare e approvare gli accordi con le altre scuole, di approvare le iniziative valutando il bilancio scolastico.

- Collegio dei docenti: come dice il nome tale collegio è comporto dagli insegnanti dell'istituto, sia di ruolo che non, ed è gestito dal dirigente scolastico. Il dirigente scolastico, oltre a presiedere il collegio, ha anche possibilità di voto che si rivela determinante nel caso in cui le votazioni risultino in pareggio.

Il collegio docenti può essere convocato tutte le volte che il dirigente lo ritenga necessario o che almeno un terzo dei membri lo richieda, di base però viene attuato con cadenza trimestrale o quadrimestrale. Il collegio docenti si occupa dell'andamento didattico della scuola, stabilisce gli indirizzi di programmazione e gestione finanziaria, si occupa dei programmi educativi e delle integrazioni ai programmi sulla base delle necessità ambientali, di coordinamento e di collegamento interdisciplinare. In modo particolare si svolgono anche le funzioni di elaborazione del Piano Triennale dell'Offerta Formativa, di decisione sui libri di testo, di creazione di accordi di rete, di formulazione di proposte riguardanti l'orario delle lezioni e la strutturazione delle classi, di inclusione e attuazione di misure per gli alunni con BES e dell'elaborazione dei PI.

Pensiero creativo e divergente in campo logico matematico

(Infanzia)

Definire una tecnica didattica innovativa utilizzabile dalla scuola dell'infanzia volta allo sviluppo del pensiero divergente e creativo in campo logico-matematico, sottolineando il campo di esperienza relativo, le attività e gli obiettivi perseguiti.

Cosa mi chiede? La domanda si riferisce alla presentazione di una tecnica innovativa in grado di sviluppare il pensiero divergente e creativo in campo matematico. Inizierò parlando del campo di conoscenza del mondo in relazione ai numeri e allo spazio.

Il campo di esperienza relativo alle abilità logiche e matematiche è il <u>campo di conoscenza del mondo, in particolare la sezione dedicata ai numeri e allo spazio.</u> Tale campo di esperienza si pone come obiettivo quello di fare familiarizzare i bambini con i numeri, con le prime operazioni e misurazioni, con delle semplici definizioni di spazio e forma e di <u>iniziare a sviluppare in essi un pensiero logico.</u> Il primo approccio con i numeri avviene con quelli che gli alunni si ritrovano a utilizzare quotidianamente, per esempio contando, sommando, togliendo o dividendo gli oggetti con i quali interagiscono. Il bambino si avvicina alle prime semplici operazioni e alle misurazioni basilari degli oggetti, nonché a una prima rappresentazione in simboli delle suddette azioni. Viene sviluppato l'apprendimento dei primi fondamenti geometrici, il riconoscimento delle forme e delle direzioni.

Inizio a parlare del problem posing.

Tra le differenti metodologie esistenti, un esempio di strategia didattica innovativa per lo sviluppo del pensiero divergente logico-matematico può essere rappresentato dal metodo <u>Problem-posing</u>. Questa tecnica elimina la concezione dicotomica che vede contrapposti gli alunni e l'insegnante, ponendo proprio al centro dell'azione lo studente che viene così spinto a formulare le proprie idee e a sviluppare un pensiero di tipo critico. <u>Il metodo problem-posing prevede che gli studenti utilizzino il metodo dell'analisi e della riflessione, identificando i problemi per poi sviluppare diverse soluzioni.</u>

Questa strategia permette allo studente di ragionare sulle situazioni piuttosto che studiare a memoria informazioni già date, e di sviluppare di conseguenza delle abilità logico-matematiche tramite lo sviluppo di pensieri critici e divergenti. Con particolare riferimento alla scuola dell'infanzia, il metodo più efficace per l'apprendimento e lo sviluppo di un pensiero logico e matematico <u>è l'utilizzo di attività laboratoriali</u> che stimolino l'interesse e la curiosità dei bambini: contare, ordinare, suddividere gli oggetti in gruppi stimolano il bambino allo sviluppo delle suddette competenze.

Concludo soffermandomi sull'importanza delle attività laboratoriali.

Alcune attività laboratoriali di questo tipo sono per esempio il gioco con oggetti rappresentanti le diverse forme geometriche, il raggruppamento degli stessi per categoria, la costruzione di strutture con giocattoli o legnetti, l'utilizzo di materiali di diversa densità o natura come la sabbia e i liquidi, la lettura del calendario o dell'orologio. Queste differenti attività, oltre che a essere divertenti per il bambino, lo avvicinano inevitabilmente al mondo della matematica, che lo porta a sviluppare nessi causali, pensiero analitico e critico.

Campo d'esperienza ed emozioni nella scuola dell'infanzia

(Infanzia)

Indicare e spiegare <u>una tecnica didattica innovativa</u> volta ad aiutare l'alunno della scuola dell'infanzia a <u>esprimere e gestire le proprie emozioni</u>; specificare inoltre il campo di esperienza coinvolto e i relativi obiettivi.

Cosa mi chiede? La domanda si riferisce alla presentazione di una tecnica innovativa in grado di aiutare il bambino a esprimere le proprie emozioni. È necessario indicare il campo di esperienza che entra in gioco e gli obiettivi collegati.

L'espressione e la gestione delle proprie emozioni sono competenze che vengono contemplate in particolare in due campi di esperienza: <u>il sé e l'altro, e i discorsi e le parole.</u>

Il primo campo citato fa riferimento alla capacità del bambino di comprendere sé stesso, i suoi bisogni e le sue sensazioni, di identificare le proprie emozioni dandogli un preciso significato. Il bambino deve riuscire a comprendere le proprie emozioni e a riconoscere anche quelle degli altri, rispettandole e gestendole al meglio.

Il secondo campo fa riferimento invece alla capacità e alle modalità di espressione di queste emozioni, che possono essere manifestate sia a parole, trovando le definizioni e i termini più corrispondenti e appropriati, sia fisicamente, attraverso il corpo e i gesti.

Inizio a parlare della gestione delle emozioni e dell'intelligenza emotiva.

La gestione e l'espressione delle emozioni si ricollegano al possesso di un'intelligenza emotiva, che si compone anche di una buona dose di empatia. Esistono diverse modalità di educazione emotiva volte allo sviluppo di questa tipologia di competenze, tra le quali alcuni metodi innovativi come il <u>Circle time.</u>

Presento la tecnica del circle time.

<u>La strategia del Circle time</u> prevede che gli studenti discutano di un determinato argomento in turni circolari, lasciando all'insegnante il ruolo di supervisore che faciliti la comunicazione e la partecipazione di tutti. Questa tipologia di comunicazione permette il potenziamento di un ascolto attivo grazie alla turnazione di parola degli studenti in modo che ognuno abbia l'occasione di esprimere le proprie emozioni e di essere ascoltato; inoltre favorisce le capacità comunicative, la cooperazione, il rispetto degli altri e lo sviluppo di empatia e di capacità socio-emotive

Concludo affermando...

Questa tecnica permette la gestione della propria emotività, consentendo a tutti gli alunni di esprimersi, riconoscendo le proprie emozioni e quelle degli altri.

Metodologia laboratoriale e pensiero divergente nella scuola dell'infanzia

(Infanzia)

Illustrare gli aspetti della metodologia laboratoriale utilizzata per lo sviluppo del pensiero divergente nella scuola dell'infanzia.

Cosa mi chiede? La domanda chiede di illustrare una metodologia laboratoriale che permetta lo sviluppo del pensiero divergente. Inizierò spiegando che cos'è questo tipo di metodologia.

La metodologia laboratoriale basa l'apprendimento dell'alunno <u>sull'azione del fare:</u> il bambino assume un ruolo attivo, sviluppando la propria autonomia e le capacità interdisciplinari, di pensiero critico e di problem solving. Potendo sperimentare e dedurre le proprie conclusioni, l'alunno apprende gli insegnamenti dalle proprie scoperte senza aver timore di sbagliare. <u>Lo strumento laboratoriale permette al bambino di sviluppare la propria creatività e un proprio pensiero divergente, in quanto è portato a conoscere il mondo esplorando diversi quesiti e cercando esso stesso diverse risposte e soluzioni a ciò che non capisce.</u>

Il laboratorio di tipo creativo favorisce spesso la discussione e la collaborazione di gruppo, permettendo così agli alunni di venire a conoscenza di diversi punti di vista per uno stesso argomento e di sperimentare e assimilare emozioni e sentimenti differenti.

Adesso entro nello specifico per quanto riguarda la scuola dell'infanzia.

Nella scuola dell'infanzia la metodologia laboratoriale si basa soprattutto su attività creative e giochi che possano stimolare la fantasia dei bambini e possano permettergli di esprimersi in modo creativo. Il gioco è un elemento essenziale per lo sviluppo cognitivo e per l'apprendimento dei bambini perché richiede l'esecuzione di operazioni mentali senza però che vi sia fatica: il bambino apprende senza sforzo grazie anche alla motivazione che percepisce.

Concludo affermando...

È importante che le attività laboratoriali siano pensate e create su misura per una determinata classe, tenendo conto del programma e dei risultati di apprendimento raggiunti fino a quel momento.

Jung e laboratori ludico creativi per lo sviluppo delle capacità

(Infanzia)

Carl Gustav Jung definisce in modo dicotomico creatività e schemi automatici di pensiero. Spiegare come la creazione di laboratori ludico-educativi all'interno delle scuole dia l'opportunità agli studenti di sviluppare capacità innovative e originali di gestione e soluzione dei problemi.

Cosa mi chiede? La domanda prende spunto dalla definizione di Jung in merito alla creatività, prendendo in esame i laboratori ludico creativi è necessario spiegare come questi portino allo sviluppo del pensiero che porta alla risoluzione dei problemi o a delle capacità di gestione. Inizio il discorso dal concetto di creatività per poi analizzare in modo approfondito l'argomento oggetto della domanda.

La creatività può essere definita come un fenomeno psichico, per questo motivo è stata oggetto di studio della psicoanalisi, che ha cercato di individuarne la nascita e gli elementi di stimolo. Numerosi psicologi e pedagogisti, tra i quali <u>Carl Gustav Jung</u>, si sono interessati all'argomento cercando di studiare il fenomeno della creatività in tutte le sue forme: da dove nasce, a quali elementi può essere associata, come funziona, come può essere sviluppata o insegnata.

Sviluppo il pensiero di Jung.

Secondo Jung la creatività rappresenta <u>un istinto, esattamente come la fame o la sessualità</u>, ed è proprio questo istinto creativo che spinge l'uomo all'utilizzo di simboli e tecniche spirituali differenziando la specie umana da quella animale. Jung sottolinea poi la presenza di un legame profondo <u>tra la creatività e i cambiamenti della psiche,</u> indicando come la psicoterapia possa essere efficace nello sviluppo di capacità creative latenti nell'uomo.

La psiche però è un costrutto molto complesso, composto da rappresentazioni dotate di energia e tonalità affettive che vanno a costruire dei complessi. È presente, inoltre, un inconscio collettivo formato da archetipi condivisi da tutta la società, dei modelli universali entro i quali i soggetti si rispecchiano. <u>La visione di Jung prevede che a ogni archetipo interiorizzato nella nostra psiche ne corrisponda uno opposto, e proprio il dialogo tra i due opposti Persona/Ombra generi i movimenti psichici necessari al processo creativo.</u> In questo caso, infatti, gli archetipi da prendere in considerazione sono l'Ombra, che rappresenta la parte oscura e libera, generatrice di idee creative, spesso ignorata dal soggetto; e la Persona che rappresenta invece la maschera che il soggetto indossa in pubblico e che rappresenta la logica e il rispetto delle convenzioni e norme sociali. L'interazione tra i due opposti, gli archetipi universali e le esperienze soggettive, porta al processo definito dallo psichiatra come "individuazione", cioè una sintesi capace di generare idee e pensieri creativi. Il processo viene definito come individuazione o illuminazione da parte della coscienza di determinati pensieri o elementi che si trovano nell'oscurità dell'inconscio. È importante che le istanze psichiche non vengano represse o ignorate perché rimarrebbero latenti nell'inconscio per sfociare poi in modo più forte e prorompente in un'occasione futura, scatenando una cosiddetta "rivoluzione".

Adesso approfondisco il tema dei laboratori ludico-creativi.

Con riferimento a questa teoria, nel contesto scolastico esistono delle attività che stimolano in modo particolare il processo creativo: i laboratori ludico-creativi. L'attività del gioco rappresenta infatti uno dei mezzi più utilizzati per stimolare la creatività di bambini e adulti perché permette al soggetto di esplorare il mondo e gli eventi in totale sicurezza, senza paura di sbagliare o di ottenere conseguenze spiacevoli. Lo scopo del gioco è infatti quello di divertirsi, ascoltare le proprie curiosità e sperimentare senza limiti reali e senza conseguenze.

Le attività ludiche, ricollegandosi alla teoria di Jung, permettono al soggetto di lasciarsi andare all'Ombra, esplorando il proprio inconscio senza doversi preoccupare di mantenere alta la maschera della Persona o di sottostare alle convenzioni sociali. Durante il tempo del gioco lo studente può esplorare il suo sé interiore e dare spazio a tutti i suoi pensieri e alla sua creatività. I laboratori creativi e ludici organizzati nel contesto scolastico rappresentano delle attività che permettono agli studenti di allontanarsi dalle rigide regole del programma didattico e di stimolare capacità innovative e non convenzionali di visione del mondo e di gestione e risoluzione dei problemi.

Concludo affermando...

Questo genere di laboratorio risulta essere particolarmente efficace grazie al clima che si crea al suo interno: un ambiente sereno e sicuro che permette al soggetto di spingere il suo pensiero fuori dagli schemi senza conseguenze e senza responsabilità, prendendosi il rischio di sbagliare e avendo la possibilità di imparare dai propri errori.

Illustrare la legge Buona scuola

(Sec. I grado)

Illustrare i principi e gli elementi essenziali della L. 107/2015 detta legge della "Buona Scuola".

Cosa mi chiede? La domanda è abbastanza chiara chiede di delineare la legge Buona Scuola, inizio a dire di cosa si tratta per poi delineare i cambiamenti.

<u>La Legge 107/2015</u>, denominata anche legge della "Buona Scuola", costituisce una riforma a livello nazionale del sistema scolastico con lo scopo di apportare <u>miglioramenti a</u>

livello di inclusione scolastica e di offerta formativa. Gli obiettivi principali del provvedimento sono appunto quelli di affermare la <u>centralità e l'autonomia delle istituzioni scolastiche, abbattere le disuguaglianze sociali e culturali favorendo l'inclusività, garantire il diritto allo studio e contrastare l'abbandono scolastico.</u>

Adesso approfondisco i vari cambiamenti che la legge ha apportato.

I principali cambiamenti previsti dalla legge in questione riguardano diversi campi:

- <u>Amministrazione e autonomia:</u> si prevede che alle istituzioni scolastiche venga attribuita maggiore autonomia, con la possibilità di gestire liberamente le risorse organizzative e finanziarie nonché i piani amministrativi e formativi. I dirigenti d'istituto hanno ora le competenze di scelta e premiazione del personale docente.

- <u>Personale docente:</u> la normativa prevede che la figura dell'insegnante venga valorizzata tramite l'aumento della formazione e l'aggiornamento, anche attraverso l'utilizzo di un metodo valutativo basato sulle performance. Sempre per promuovere le competenze e l'aggiornamento del personale è stata inserita la Carta del Docente, un bonus del valore di 500 € che ogni docente può spendere in corsi di formazione. Inoltre, è stato previsto un aumento del numero di docenti per ogni istituto, in media sette insegnanti, per fronteggiare il problema della mancanza di personale e offrire un servizio formativo esaustivo.

- <u>Didattica:</u> il cambiamento più importante in termini di didattica viene rappresentato dalla sostituzione del Piano dell'Offerta Formativa (POF) con il Piano Triennale dell'Offerta Formativa (PTOF), cioè un documento volto alla programmazione curriculare ed extracurricolare di durata triennale. Viene prevista inoltre una flessibilità degli insegnamenti, introducendo la possibilità di inserimento di percorsi curriculari specifici per l'ultimo triennio della scuola superiore, dove gli studenti possono scegliere in base alle proprie preferenze e alla prospettiva di carriera futura.

- <u>Rapporto scuola e lavoro:</u> la legge introduce l'alternanza scuola-lavoro attraverso un tirocinio di 400 ore per gli istituti tecnici e di 200 ore per i licei che permetta alle studentesse e agli studenti, tramite le esperienze lavorative, di acquisire anche delle competenze di tipo pratico.

- <u>Inclusione:</u> vengono previste delle misure di inclusione per gli studenti che presentano situazioni di svantaggio culturale e sociale o disabilità, promuovendo l'uso di strumenti assistivi e di compensazione, figure di sostegno la partecipazione attiva delle famiglie nei processi decisionali.

- <u>Innovazione e tecnologia:</u> viene previsto lo stanziamento di una somma di circa 30.000.000 euro volta alla promozione delle discipline e competenze digitali e innovative.

- <u>Edilizia e sicurezza:</u> la normativa prevede anche lo stanziamento di una somma di denaro di circa 4.000.000.000 euro volti alla messa in sicurezza degli edifici scolastici.

- <u>Burocrazia:</u> i processi amministrativi e burocratici vengono snelliti e semplificati a favore di una maggiore efficienza.

- <u>Agevolazioni Fiscali:</u> al fine di diminuire il divario che si crea tra le scuole ricche e quelle povere è prevista l'attuazione di agevolazioni e detrazioni fiscali per coloro che iscrivono i propri figli all'interno di scuole paritarie.

Concludo sostenendo l'importanza di questa legge.

La legge della Buona Scuola è nata con l'intenzione di introdurre una nuova visione dell'istruzione, rivoluzionando il sistema scolastico; per quanto alcune decisioni siano state ampiamente discusse e criticate nel corso degli anni restano da sottolineare diversi passi avanti nel campo dell'inclusività scolastica e di promozione della creatività e del patrimonio culturale.

Disagio emotivo e stress

(Sec. II grado)

Il docente può intervenire con attività volte alla regolazione delle emozioni nel contesto scolastico, spiegare come questi interventi possono ridurre il disagio emotivo e lo stress favorendo invece la realizzazione di relazioni verticali e orizzontali.

Cosa mi chiede? La domanda riguarda gli effetti di una migliore gestione delle emozioni per quanto riguarda la regolazione del disagio emotivo e dello stress. Inizio parlando delle emozioni e della competenza emotiva.

La competenza emotiva viene descritta dagli psicologi Carolyn Denham e Carolyn Saarni come la capacità di comprendere, esprimere e regolare le proprie emozioni e quelle degli altri. L'uomo è, secondo loro, prima di tutto un essere emotivo, e la sua *competenza emotiva può essere sviluppata e migliorata tramite l'educazione anche nelle scuole*.

I programmi di educazione emotiva solitamente si pongono come obiettivo l'acquisizione di competenze come l'identificazione delle proprie emozioni e di quelle degli altri, la gestione dello stress e le situazioni di disagio, la capacità di comunicare ed esprimersi con chi ci circonda, o di intraprendere relazioni positive con gli altri. L'autoregolazione è un'altra abilità emotiva essenziale, permette infatti di gestire e regolare le proprie emozioni e il proprio comportamento, acquisendo una grande autoconsapevolezza. Nel contesto scolastico è importante svolgere percorsi di educazione emotiva e di autoregolazione, e gli insegnanti svolgono un ruolo fondamentale per gestire le emozioni all'interno della classe.

Adesso parlo delle strategie che il docente può attuare.

Il docente in questione può adottare diverse strategie volte a rendere il clima scolastico meno stressante e più tranquillo, favorendo allo stesso tempo l'instaurazione di relazioni di tipo verticale e orizzontale:

- creando un ambiente positivo e accogliente tramite l'apposizione di poche regole ma che siano chiare e che promuovano il rispetto e l'inclusività reciproci;

- <u>proporsi come modello di comportamento emotivo</u>, gestendo lo stress, esprimendo le proprie emozioni in modo consono e rispettando le emozioni e i sentimenti dei suoi alunni. L'insegnante si propone come figura empatica in grado di sviluppare nei suoi alunni apertura e disponibilità al dialogo, capacità di gestione delle emozioni e dei feedback, promozione del rispetto e assenza di giudizi non costruttivi, capacità di espressione verbale e non verbale;

- <u>promuovere la comunicazione in classe</u> spingendo gli studenti all'espressione delle proprie emozioni e allo scambio di pensieri e idee, in questo caso si può rivelare utile la <u>tecnica del Circle time</u>;

- promuovere la gestione delle proprie emozioni tramite l'insegnamento di tecniche apposite come l'analisi e la consapevolezza emotiva o la distrazione positiva;

- insegnare tecniche di gestione dello stress e promuovere l'equilibrio tra lavoro e riposo;

- proporre attività e laboratori che favoriscano la creatività e permettano alle studentesse e agli studenti di esprimersi in modo originale e positivo, spesso si utilizzano attività artistiche e musicali, sportive o ludiche<u>: il role playing</u> è per esempio una tecnica che allo stesso tempo favorisce lo sviluppo di empatia e creatività e stimola l'apprendimento attivo;

- promuovere la partecipazione attiva degli studenti per favorire la condivisione delle idee e delle esperienze, tecniche utili possono essere il lavoro di gruppo<u>, l'apprendimento cooperativo o il dibattito.</u> Questi metodi incoraggiano lo studente ad avere un ruolo attivo, ad argomentare le proprie idee ma allo stesso tempo ad ascoltare e rispettare i punti di vista dei compagni <u>favorendo l'instaurazione di relazioni orizzontali tra pari;</u>

- promuovere lo sviluppo dell'empatia, dell'intelligenza emotiva e del supporto tra studenti tramite attività di sensibilizzazione e dibattito su argomenti rilevanti;

- offrire un supporto personale che permetta di dare aiuto a uno studente che lo necessita favorendo dinamiche inclusive e la creazione di relazioni verticali tra alunno e docente basate sulla fiducia;

Concludo affermando...

Le tecniche e i metodi illustrati contribuiscono a ridurre efficacemente il disagio emotivo e lo stress, grazie anche alla competenza dimostrata dall'insegnante.

Pensiero divergente e convergente

(Sec. I grado)

Illustrare le <u>caratteristiche salienti del pensiero divergente e del pensiero convergente.</u>

Cosa mi chiede? La domanda chiede di illustrare i punti salienti del pensiero convergente e di quello divergente. Inizierò a spiegare le varie caratteristiche.

<u>Il pensiero convergente è una modalità di pensiero logica</u>, analitica e lineare, che si basa sulla consequanzialità e sulle soluzioni già da noi conosciute e assimilate. Il pensiero logico e deduttivo viene utilizzato in tutte le situazioni che richiedono un'unica e decisa risposta a una domanda o a un

problema, la soluzione corretta è da considerarsi una sola. Questa tipologia di approccio si basa su un <u>meccanismo di ripetizione</u> e utilizza per il raggiungimento di una soluzione degli schemi automatici, meccanici e interiorizzati. Il pensiero convergente si rivela molto utile per le attività di organizzazione e programmazione, per la determinazione di azioni precise e per arrivare dritti ai propri obiettivi senza perdite di tempo e di energie.

Il <u>pensiero divergente</u> invece, è caratterizzato da una <u>mente flessibile e creativa</u>, che faccia uso di immaginazione e originalità e che riesca a vedere elementi e situazioni da prospettive diverse. Il pensiero divergente si identifica nella capacità di ideare numerose e differenti soluzioni di fronte a un determinato problema, e viene in aiuto proprio quando le strade tradizionali e logiche non si rivelano abbastanza efficaci. Esistono degli indici volti a misurare il pensiero divergente:

- <u>La flessibilità</u>, cioè la capacità di ideare strategie e idee differenti;

- <u>La fluidità</u>, cioè la capacità di generare innumerevoli idee;

- <u>L'originalità</u>, cioè la capacità di generare idee che siano creative e originali;

- <u>L'elaborazione</u>, cioè la capacità di concretizzare le soluzioni ideate.

Questa tipologia di pensiero è per natura strettamente legata alla creatività e all'abilità di trovare alternative innovative in situazioni dove sono contemplate diverse possibilità di approccio e soluzione al problema. Già negli anni Sessanta lo psicologo <u>Joy Paul Guilford</u> individuò la distinzione tra le due tipologie di pensiero, sottolineando però come pensiero convergente e pensiero divergente dovessero entrambi fare parte della mentalità dell'uomo e che dovessero lavorare in modo complementare: a seconda della situazione e dal contesto dove prevarrà l'una o l'altra modalità di pensiero. L'utilizzo del pensiero divergente, infatti, è utile per la progettazione e l'utilizzo di processi specifici e precisi, ma non si adatta bene a situazioni nuove, che richiedono flessibilità, apertura e creatività.

Concludo affermando...

Entrambe le correnti di pensiero si rivelano utili durante la vita quotidiana, ma in contesti diametralmente opposti. Non a caso, infatti, pensiero convergente e pensiero convergente vengono attribuiti relativamente a due emisferi del nostro cervello: il pensiero convergente deriva dall'emisfero sinistro, sede della razionalità e della linearità, mentre quello divergente dall'emisfero destro, nel quale risiedono le sorgenti della creatività, dei collegamenti, delle associazioni, e del ragionamento tramite immagini.

Approccio didattico inclusivo e intelligenza emotiva

(Sec. I grado)

Illustrare un possibile approccio didattico di tipo inclusivo che stimoli lo sviluppo dell'intelligenza emotiva.

Cosa mi chiede? La domanda chiede di delineare un approccio didattico inclusivo in grado di sviluppare o promuovere l'intelligenza emotiva. Inizio parlando dell'apprendimento cooperativo.

Un possibile approccio didattico di tipo inclusivo che vada a stimolare il campo delle emozioni e promuova lo sviluppo dell'intelligenza emotiva negli studenti è il cooperative learning o apprendimento cooperativo. Trattasi di una tecnica di apprendimento che può apportare vantaggi sia a livello formativo sia a livello di dinamiche della classe, prevede che gli studenti vengano suddivisi tra di loro in piccoli gruppi con lo scopo di lavorare e studiare insieme per raggiungere degli obiettivi comuni.

Con questa tecnica didattica sono gli studenti ad assumere un ruolo attivo e centrale, mentre il docente si limita a supervisionare i diversi gruppi. Il lavoro in team favorisce l'interazione tra gli studenti, che cooperano e si aiutano a vicenda in caso di difficoltà, andando così a creare un ambiente collaborativo e inclusivo.

Adesso mi concentro sui diversi aspetti di questo metodo.

Per implementare la metodologia dell'apprendimento cooperativo si può lavorare su diversi aspetti come:

- <u>La formazione dei gruppi</u>: la necessità è quella di creare dei gruppi eterogenei in base alle diverse capacità e caratteristiche degli alunni. Per favorire la collaborazione e l'inclusione è importante inserire membri sia con forti che con deboli competenze emotive.

- <u>L'attività di problem solving emotivo:</u> si tratta di una tecnica di risoluzione di un problema emotivo, l'attività richiede la comprensione e la gestione delle emozioni.

- <u>Riflessione guidata:</u> la strategia consiste nel proporre una discussione dopo ogni attività svolta, all'interno della quale gli alunni possono condividere le proprie opinioni e le proprie esperienze, riflettendo sulle emozioni che hanno provato e sulle strategie che hanno utilizzato per gestirle. Questa tecnica promuove l'ascolto attivo e il rispetto reciproco, favorendo l'empatia.

- <u>Feedback emotivo:</u> spinge gli studenti a darsi dei feedback costruttivi reciproci riguardanti le competenze emotive messe in atto durante il lavoro di gruppo. Questo può aiutare gli alunni ad aumentare l'autoconsapevolezza, comprendendo quali siano i propri punti di forza e quali invece le aree in cui possono ancora migliorare. Inoltre, il feedback positivo può rinforzare le competenze emotive già sviluppate, favorendo un clima di classe positivo e di supporto.

- <u>Ambiente positivo:</u> la creazione di un ambiente di classe che sia sicuro e inclusivo porta a un migliore sviluppo dell'intelligenza emotiva. Il contesto di classe deve essere caratterizzato dal rispetto, dall'empatia e dall'inclusività.

Concludo sottolineando l'efficacia del metodo.

Il cooperative learning è una tecnica che presenta diversi vantaggi: promuove un apprendimento attivo da parte degli studenti, sviluppa le loro capacità sociali tramite la richiesta di cooperare e collaborare insieme, favorisce lo sviluppo del pensiero sia creativo che critico, aumenta il livello di motivazione personale grazie alla collaborazione tra pari.

Bisogni educativi speciali

(Primaria)

Illustrare, sulla base della Direttiva 27/12/2012, quali sono i mezzi di intervento da attuare per gli studenti con Bisogni Educativi Speciali (BES).

Cosa mi chiede? La domanda fa riferimento agli interventi da attuare in materia di bisogni educativi speciali. Inizierò parlando di questi bisogni e delle modalità di intervento.

I Bisogni Educativi Speciali (BES) rappresentano una categoria che ricomprende una vasta tipologia di studenti in situazioni di difficoltà nell'apprendimento e/o nello sviluppo. L'area riferita allo svantaggio va oltre a quella meramente riconducibile al possesso di deficit, ma ricomprende difficoltà che si vengono a creare per diverse motivazioni come la presenza di svantaggi culturali, linguistici o di disturbi specifici. Gli studenti con BES si suddividono nelle seguenti categorie:

- <u>Studenti con disabilità.</u>

- <u>Studenti con disturbi evolutivi specifici:</u> vengono ricompresi in questa definizione non solo i disturbi specifici dell'apprendimento, ma anche i disturbi nell'area del linguaggio, dell'area motoria, della coordinazione e delle capacità non verbali, i disturbi dell'attenzione e l'iperattività. I disturbi evolutivi specifici spesso non vengono certificati (secondo quanto riferito dalla legge 104/92) con la conseguenza per gli studenti in questione di non ottenere il diritto all'utilizzo delle strumentazioni e misure necessarie come, per esempio, la figura dell'insegnante di sostegno.

- <u>Studenti in situazioni di svantaggio</u> culturale, linguistico, socioeconomico.

Gli alunni con BES possono essere divisi in due categorie sulla base del possesso della certificazione:

- <u>Alunni con BES in assenza di certificazione clinica:</u> studenti in situazione di svantaggio culturale e linguistico perché provenienti da Paesi esteri, studenti in situazione di svantaggio socioeconomico, soggetti in attesa di ricezione della certificazione;

- <u>Alunni con BES in possesso di certificazione clinica</u>: studenti che presentano disturbi specifici quali ADHD o "disturbo da deficit dell'attenzione o iperattività", DSA come per esempio disgrafia, dislessia o discalculia, DVA come minorazioni o ritardo psicofisico e sensoriale, FIL o "funzionamento intellettivo limite", oppure studenti con disturbi di tipo motorio e/o verbale.

<u>La Direttiva del MIM del 27/12/2012</u> è volta proprio a stabilire le misure di intervento per tutti gli studenti necessitanti di bisogni educativi speciali, sottolineando come tutti gli alunni possano presentare BES e che sia necessario riuscire a dare a ciascuno di loro una risposta personalizzata

ed efficace. Per quanto riguarda gli studenti con disabilità, le misure previste riguardano il diritto a essere assistiti da un insegnante di sostegno e al possesso di un piano educativo individualizzato (PEI). Il PEI è un documento dal contenuto modificabile che viene redatto congiuntamente dal personale sociosanitario, dalla scuola e dalla famiglia dello studente. All'interno del documento vengono segnalati gli interventi educativi che sono stati individuati in modo mirato per lo studente in modo che possa raggiungere i propri obiettivi formativi prefissati.

Un ulteriore documento che viene elaborato è il profilo di funzionamento su base ICF, cioè sulla base della classificazione della salute e della disabilità dell'OMS. Il Profilo di funzionamento viene redatto congiuntamente dal medico, dall'assistente sociale e da due specialisti della riabilitazione, con la partecipazione dei genitori dell'alunno, del dirigente scolastico o di un insegnante e dello studente stesso. Il profilo di funzionamento contiene tutte le misure e i programmi di sostegno da attuare nei confronti dell'alunno e viene aggiornato per ogni grado di istruzione.

Riferendosi alla categoria dei disturbi evolutivi specifici è prevista l'elaborazione di un piano didattico personalizzato (PDP) che viene differenziato in base alla tipologia di problema, che sia dislessia, disgrafia, disortografia, discalculia, ADHD o ASD, con lo scopo di fare raggiungere allo studente lo stesso livello al quale sono arrivati i suoi compagni di classe. Questa tipologia di piano viene elaborata direttamente dall'istituto e successivamente sottoposta all'approvazione del dirigente scolastico.

Nel caso dei disturbi derivanti da situazioni di svantaggio culturale, linguistico o socioeconomico, è direttamente la famiglia dello studente in questione a essere considerata come problematica. Si tratta in alcuni casi di famiglie provenienti dall'estero che non hanno una conoscenza sufficiente della lingua italiana oppure di famiglie in condizioni economiche precarie. Anche in questo caso vengono individuati dei percorsi educativi personalizzati che però non vengono sottoposti a formalizzazione.

In determinate situazioni possono essere attuate delle strategie che prevedono l'utilizzo di strumenti compensativi e di didattica personalizzata o individualizzata.

Approfondisco gli strumenti compensativi.

Il concetto di compensazione si riferisce alla necessità di utilizzare misure particolari per aiutare lo studente a superare un determinato ostacolo nell'apprendimento e permettergli di riuscire a raggiungere il livello dei compagni di classe. Gli esempi più comuni di strumenti compensativi sono rappresentati dai programmi di video scrittura, dalle tabelle delle formule, dalle tavole pitagoriche, da calcolatrici vocalizzate e da mappe concettuali online. In alcuni casi i docenti possono decidere addirittura di risparmiare lo studente dallo svolgimento di un dato compito, a patto che questo non vada a incidere sul livello di formazione dell'alunno.

<u>Anche la didattica individualizzata e la didattica personalizzata</u> rappresentano degli strumenti decisamente utili ai fini dell'inclusione ma è bene evidenziare le differenze tra le due: la didattica personalizzata viene formalizzata

attraverso il PDP che è un piano contenente la valutazione delle competenze dell'alunno, le strategie didattiche e gli strumenti di tipo compensativo da adottare, gli obiettivi da raggiungere a livello formativo. La didattica individualizzata viene invece presa in considerazione dal PEI, un documento contenente i progetti delle attività e metodologie didattiche da adottare, le misure educative necessarie, i criteri di valutazione dello studente e gli obiettivi di apprendimento prefissati.

Questi piani vengono elaborati per progettare la didattica essendo a conoscenza dei bisogni specifici degli alunni e riuscendo così a creare un clima inclusivo per tutti gli studenti. All'interno della Direttiva vengono per l'appunto riassunti i principi cardine dell'inclusione nelle scuole italiane: il concetto e la suddivisione in categorie dei Bisogni Educativi Speciali, nonché l'organizzazione a livello territoriale per favorire l'inclusione scolastica attraverso i CTS (Centri Territoriali di Supporto) e attraverso la disposizione di docenti specializzati.

Concludo parlando dei centri territoriali.

I centri territoriali di supporto rappresentano un servizio di consulenza istituito dagli USR che viene attuato presso le scuole e si rivolge agli insegnanti e ai genitori, tali consulenze si svolgono in riferimento ad argomenti diversi, tra i quali l'inclusione degli studenti, l'apprendimento, le situazioni di disabilità e/o di svantaggio. Oltre ai centri territoriali di supporto esistono diverse istituzioni con l'obiettivo di generare maggiore inclusione all'interno degli istituti scolastici, per esempio possono essere citati i CTI e i GLI. I CTI o Centri Territoriali per l'Inclusione che svolgono le stesse funzionalità dei CTS ma operano su un territorio di dimensioni ridotte; i GLI invece sono di Gruppi di Lavoro per l'Inclusione con lo scopo di individuare gli alunni con BES all'interno della scuola, elaborando poi il relativo piano di inclusione. I GLI sono composti da docenti e insegnanti di sostegno, dal personale ATA e dalle famiglie, e fanno riferimento al dirigente scolastico.

Pensiero creativo, metodologia e inclusione

(Primaria)

Per lo psicologo Lev Vygotskij, l'ambiente ricopre un ruolo essenziale nella creazione e sviluppo di un pensiero creativo. Illustrare una metodologia didattica di tipo cooperativo che promuova la creatività e l'inclusione scolastica.

Cosa mi chiede? La domanda fa riferimento a una metodologia didattica di tipo cooperativo in grado di promuovere l'inclusione e la creatività, ponendo l'accento sull'ambiente, considerando che all'inizio menziona Vygotskij. Inizio parlando del pensiero dello psicologo russo.

Secondo lo psicologo russo Lev Vygotskij, lo sviluppo cognitivo e creativo sono profondamente legati all'ambiente sociale nel quale il soggetto si trova, perché è proprio tramite la cultura e la società che possono essere trasmessi gli schemi comportamentali e i saperi condivisi di base. Vygotskij elabora la teoria socioculturale o teoria della zona di sviluppo prossimale, attraverso la quale sostiene che le interazioni culturali e sociali che il soggetto intraprende influenzino il suo sviluppo cognitivo: l'apprendimento dei bambini deriva, secondo lo psicologo, dall'interazione con le altre persone e con il contesto e l'ambiente di riferimento.

<u>La teoria socioculturale di Lev è anche di tipo sociocostruttivista</u>, indica cioè che il soggetto costruisca la sua realtà tramite l'utilizzo degli elementi che raccoglie dalla società; nel bambino le funzioni che favoriscono un ragionamento di tipo complesso vengono assimilate dall'interazione con gli altri.

Vygotsky elabora poi il concetto di <u>zona di sviluppo prossimale</u>, individuando in quella nozione la differenza tra le potenzialità del bambino in autonomia e le potenzialità del bambino aiutato da un compagno più esperto o da un adulto. Proprio <u>nel frangente della zona di sviluppo prossimale, il bambino, sottoposto a nuovi stimoli e idee, entra nella fase di sviluppo cognitivo.</u>

A questo punto mi concentro sul metodo collaborativo di apprendimento.

Lo psicologo non svaluta però le potenzialità di un metodo collaborativo di apprendimento, attraverso il quale i bambini, o più in generale gli studenti, possono sviluppare le proprie abilità sociali e apprendere in modo efficace. <u>Il Cooperative learning</u> si rivela una strategia di insegnamento efficace per lo sviluppo di abilità cognitive, per la creatività e anche per l'inclusione degli alunni che presentano difficoltà con i metodi classici di insegnamento. Si tratta di una tecnica che si basa sulla creazione di piccoli gruppi di studenti che si trovano a lavorare e studiare insieme per raggiungere degli obiettivi comuni. Con il metodo del cooperative learning sono gli studenti ad assumere un ruolo centrale e una partecipazione attiva, al contrario l'insegnante si mette da parte assumendo un ruolo supervisionale e organizzativo.

L'apprendimento di tipo cooperativo apporta numerosi vantaggi:

- Viene promosso l'apprendimento attivo in quanto a tutte le alunne e gli alunni è richiesto di partecipare in modo attivo e di collaborare con gli altri, di condividere i propri pensieri e le proprie idee, di aprire discussioni e sostenere argomentazioni;

- Vengono sviluppate le capacità sociali del soggetto grazie al lavoro di gruppo e alla necessità di cooperazione, in questo modo si promuove anche lo sviluppo delle competenze comunicative e del lavoro in team;

- Vengono sviluppati il pensiero critico e il pensiero creativo: la condivisione delle informazioni e la richiesta di argomentare e trovare diverse soluzioni per il lavoro affidato sono tutti elementi che promuovono la creatività dello studente, allo stesso tempo però la valutazione e l'analisi della molteplicità delle idee apportate dai componenti del gruppo favoriscono sicuramente lo sviluppo di un pensiero di tipo critico;

- Si apporta un aumento della motivazione degli studenti, che lavorando a contatto con i loro coetanei e condividendo con loro gli stessi obiettivi si sentono maggiormente spinti a portare a termine il lavoro. La motivazione aumenta anche negli alunni con difficoltà nell'apprendimento classico, con i quali spesso si rivelano più efficaci strategie di apprendimento non convenzionali.

Concludo sottolineando l'importanza di questa tipologia di apprendimento.

Secondo Lev Vygotskij, l'apprendimento cooperativo può svolgere il ruolo di strumento di compensazione culturale per gli studenti con bisogni educativi speciali, che grazie al contesto in cui si trovano svolgendo il lavoro di gruppo (collaborando e prendendo esempio da studenti più esperti che possono aiutarli), riescono a migliorare il loro apprendimento.

Risoluzione dei problemi

(Sec. II grado)

Illustrare le modalità con le quali il docente può favorire lo sviluppo della capacità di ideare soluzioni originali e innovative nel contesto della risoluzione logica di un problema.

Cosa mi chiede? La domanda fa riferimento alle modalità di risoluzione di un problema favorite dal giusto approccio del docente. Inizio parlando dell'abilità di risoluzione, per poi dedicarmi al pensiero divergente.

La capacità di generare soluzioni originali e innovative non è una qualità innata, ma piuttosto un'abilità che può essere appresa e allenata nel tempo. All'interno dell'ambiente scolastico è importante stimolare la creatività degli studenti in modo che possano sviluppare una mente elastica e aperta e un pensiero di tipo divergente. Il pensiero divergente è caratterizzato da un'ampia visione del mondo che permette a chi lo possiede di elaborare numerose idee, valutare prospettive diverse e trovare molteplici soluzioni per un determinato problema.

Per lo psicologo Guilford il pensiero divergente può essere misurato attraverso degli indici che sono suddivisi in fluidità, flessibilità, originalità ed elaborazione; rispettivamente si intendono la capacità di generare numerose idee, tutte diverse tra loro, che siano innovative e di realizzarle in modo concreto.

Secondo lo psicologo statunitense Sarnoff Mednick, invece, la creatività si concretizza nella capacità di creare connessioni e associazioni tra oggetti che si presentano per natura diversi e scollegati tra di loro, e proprio da questo nasce la sua teoria associazionaria della creatività. Lo psicologo inoltre individua diversi tipi di associazione: associazione per somiglianza, mediazione (che individue un valore intermedio fra gli elementi) e serendipità (combinazione casuale).

Dopo aver parlato delle teorie mi dedico ai metodi.

Nel contesto della scuola, gli insegnanti possono adottare delle tecniche di apprendimento o delle attività che siano particolarmente indicate per lo sviluppo del pensiero creativo, divergente e associazionario, tra queste si possono trovare:

- Il metodo del Problem-posing: si tratta di una tecnica che elimina la contrapposizione tra insegnante e studente, spingendo quest'ultimo alla partecipazione attiva. Lo studente si trova a dover scomporre un dato problema analizzandone tutte le sue parti in modo da poter elaborare diverse soluzioni. L'apposizione di problemi spinge l'alunno a sviluppare pensiero critico e capacità di risoluzione, nonché allo sviluppo di capacità logiche e matematiche.

- <u>Il metodo del Problem Solving</u>: questa tecnica permette all'insegnante di favorire lo sviluppo nei suoi studenti di creatività, pensiero critico e di lavoro cooperativo. Il metodo del Problem solving si basa su alcuni elementi salienti che sono in primo luogo l'individuazione del problema, in secondo luogo l'identificazione dei concetti chiave che lo caratterizzano, successivamente l'elaborazione di una strategia risolutiva e infine la strutturazione del problema.

- Attività comunicative e di condivisione delle idee come <u>il brain storming, il dibattito, il circle time o il role playing:</u> questo genere di attività, promuovendo la condivisione e l'ascolto di differenti punti di vista e di numerose idee, aiuta a sviluppare nello studente abilità di pensiero creativo e divergente, ma anche critico.

Concludo affermando...

Una mente flessibile e allenata all'attività creativa sicuramente porta a ottimi risultati in situazioni difficili che richiedono lo sviluppo di soluzioni diverse e innovative per un determinato problema.

Competenze emotive e insegnamento efficace

(Primaria)

Le emozioni e i processi empatici apportano una determinata influenza in termini di apprendimento, individuare le competenze emotive che devono possedere gli insegnanti per un insegnamento efficace.

Cosa mi chiede? La domanda si riferisce alle competenze emotive ed empatiche che un insegnante deve avere per far sì che il suo insegnamento risulti più efficace. Inizio parlando delle emozioni e dell'empatia per poi dedicarmi all'approccio dell'insegnante.

Le emozioni e i processi empatici ricoprono un ruolo molto importante nell'apprendimento, le neuroscienze infatti indicano come le aree e i sistemi del cervello che vengono ricollegati all'emozione incidano sui processi comportamentali e decisionali della persona.

Le emozioni positive come la curiosità, l'interesse o la gioia, se provate in concomitanza di una determinata situazione di apprendimento come, per esempio, una lezione o una specifica attività, aiutano a fissare il concetto più saldamente nella memoria del soggetto. Pertanto, le emozioni hanno un ruolo fondamentale per la qualità dell'apprendimento e sono proprio queste che il docente deve stimolare per riuscire a creare un insegnamento efficace.

Adesso mi concentro sull'empatia.

L'empatia viene descritta come la capacità di comprendere le emozioni e i sentimenti altrui, ed è un processo che fisiologicamente si basa sull'attività dei neuroni specchio, ma è anche un fattore che può essere allenato e che dovrebbe essere promosso e sviluppato nelle scuole. L'insegnante, visto il suo ruolo di punto di riferimento, deve per primo possedere qualità emotive come la capacità di ascolto empatico, cioè la disponibilità di ascoltare i pensieri e i sentimenti dei propri alunni comprendendoli e immedesimandosi. L'ascolto di tipo empatico può inoltre portare allo sviluppo di ulteriori capacità come il possesso dell'empatia cognitiva, cioè la capacità di comprendere a pieno e intuire i pensieri di chi ci sta intorno, dell'empatia affettiva, cioè l'abilità di provare le stesse emozioni dell'altra persona e della preoccupazione empatica, ovvero la sincera volontà di aiutare qualcuno per cui proviamo compassione per assicurargli del benessere.

Adesso mi concentro sul ruolo dell'insegnante.

Un docente affettivo è un insegnante dotato di intelligenza emotiva che, oltre a possedere le abilità empatiche appena descritte, svolge il proprio lavoro <u>promuovendo i valori della condivisione, del dialogo, della reciprocità e dell'inclusività</u> per sviluppare negli alunni autoconsapevolezza, conoscenza e gestione dei propri sentimenti, nonché la capacità di esprimerli in modo adeguato. L'insegnante, in primo luogo, deve avere una <u>buona autoconsapevolezza e autoregolazione emotiva</u>, in modo da poter riconoscere le proprie emozioni, esprimerle e gestirle nel modo più consono, inoltre deve essere in grado di <u>gestire ottimamente lo stress e di essere resiliente in situazioni di difficoltà</u>, deve essere empatico e saper intraprendere una comunicazione empatica. Il docente affettivo attua un ascolto attivo dei propri studenti per poter conoscere le dinamiche individuali e di gruppo che si realizzano all'interno della classe, presta inoltre una maggiore attenzione agli alunni particolarmente emotivi o che presentano bisogni educativi speciali in modo da poter includere nelle attività e nell'avanzamento didattico tutti gli studenti.

La <u>comunicazione emotiva tra alunni e docente</u> è una componente essenziale in quanto vengono a crearsi grazie a essa delle relazioni basate sulla fiducia e sulla comprensione. Il docente sa esprimersi in modo adeguato ma sa altrettanto comprendere a fondo i pensieri e le emozioni dei suoi studenti, dimostrandosi un punto di riferimento autorevole ma allo stesso tempo empatico e umano. Grazie alla comunicazione gli studenti possono sentirsi liberi di chiedere chiarimenti ed esprimere le proprie opinioni senza sentirsi in difetto o giudicati, questo spinge verso una partecipazione attiva dello studente che inevitabilmente va a migliorare il suo processo di apprendimento. La comunicazione di tipo emotivo non è da intendersi solo come comunicazione verbale, è infatti indispensabile che il docente riconosca l'importanza della comunicazione non verbale come quella cinesica, mimica, prossemica o paralinguistica. Queste tipologie di espressione contribuiscono a rendere una comunicazione empatica ed emotiva, ad esempio, la postura e la disposizione delle braccia durante una conversazione indicano che l'ascolto è attivo e interessato.

Concludo soffermandomi sul processo di apprendimento.

Il processo di apprendimento non si serve solo delle componenti cognitive e delle mere informazioni, al contrario integra a questi processi cognitivi tutte le emozioni, sia positive che negative, che il soggetto prova in un determinato momento. Se l'apprendimento avviene in presenza di emozioni positive, di curiosità e coinvolgimento per esempio, risulterà più semplice, efficace e duraturo: <u>risulta quindi evidente come la presenza del fattore emozionale si riveli essenziale ai fini di un apprendimento ottimale.</u>

Attività didattiche e pensiero convergente e divergente

(Sec. I grado)

Illustrare una o più attività didattiche che contemplino l'utilizzo contemporaneo di pensiero divergente e pensiero convergente.

Cosa mi chiede? La domanda è abbastanza semplice mi chiede di illustrare delle attività didattiche che promuovano l'utilizzo contemporaneo del pensiero divergente e convergente. Procedo introducendo queste tipologie di pensiero per poi dedicarmi alle attività.

Il pensiero divergente e il pensiero convergente sono due elementi opposti, entrambi necessari per la nostra mente ma che solitamente operano in modo separato a seconda della situazione in cui ci si trova.

<u>Il pensiero divergente</u> infatti è caratterizzato dalla presenza di creatività e flessibilità mentale, consiste nella capacità di generare idee, pensieri e soluzioni differenti e innovative con riferimento a un determinato argomento o problema. <u>Il pensiero convergente,</u> al contrario, è più razionale e logico e consiste nell'abilità di determinare una

singola idea o soluzione che si riveli quella più efficiente e corretta.

Adesso mi concentro sulle strategie didattiche che è possibile attuare.

Nonostante il rapporto dicotomico tra le due correnti di pensiero, esistono delle strategie didattiche che <u>richiedono contemporaneamente l'utilizzo di entrambe le tipologie</u> di pensiero, per esempio:

- <u>La tecnica del Problem solving</u>: questa strategia richiede di analizzare problemi complessi attraverso l'utilizzo del pensiero divergente per generare una moltitudine di soluzioni possibili e successivamente individuare la soluzione più efficace tramite l'uso del pensiero convergente.

- <u>Il Debate o il dibattito:</u> la generazione e condivisione con la classe di opinioni numerose e diverse tra loro stimola la produzione di un pensiero di tipo divergente, ma quando il docente richiede di portare il dibattito verso una conclusione gli studenti devono attuare un confronto e una selezione delle idee tramite l'utilizzo di un pensiero convergente.

- <u>Lavori in team:</u> il lavoro di gruppo per progetti con obiettivi condivisi presuppone l'elaborazione da parte dei membri del gruppo di idee differenti (pensiero divergente) per poi scegliere congiuntamente quelle più adatte a essere inserite nella consegna finale (pensiero convergente).

- <u>Ricerca:</u> le attività di ricerca richiedono agli studenti di vagliare diversi documenti e informazioni elaborando numerosi punti di vista e possibili risposte a una domanda, in questa parte del compito lo studente mette in moto il suo pensiero di tipo divergente. In una fase successiva l'alunno dovrà selezionare le informazioni che ha raccolto per sintetizzare e presentare il prodotto della sua ricerca, attuando così la parte convergente del suo pensiero.

Concludo affermando...

Queste sono solo alcune delle attività esistenti che promuovono lo sviluppo di creatività, pensiero divergente e pensiero convergente in modo contemporaneo, definite come due correnti di pensiero opposte ma allo stesso tempo complementari.

Storia dell'inclusione

(Primaria)

Argomentare le norme che promuovono l'inclusione scolastica degli studenti con disabilità partendo dalla legge 104/1992 al D.Lgs. 66/2017 fino al D.Lgs 96/2019 (II grado).

Cosa mi chiede? La domanda mi chiede di delineare le norme italiane riguardanti la promozione dell'inclusione scolastica degli alunni con disabilità, passando dalla legge 104/1992 al Decreto Legislativo 66/2017 fino al Decreto Legislativo 96/2019, con un accento specifico sul secondo grado di istruzione, in quanto si riferisce al secondo grado. Procedo introducendo queste normative per poi dedicarmi ai dettagli di ciascuna.

La legge 104 del 5 febbraio 1992 rappresenta un punto di riferimento fondamentale per i diritti delle persone con disabilità nel nostro paese, in quanto introduce misure di integrazione scolastica per gli alunni con disabilità. Questa legge mira a garantire loro una piena integrazione nel sistema educativo attraverso <u>l'eliminazione di ogni forma di discriminazione e la promozione di condizioni di parità</u>. La legge stabilisce il diritto all'istruzione, alla formazione e all'inserimento lavorativo, prevedendo l'assistenza personalizzata e il sostegno necessario per favorire l'apprendimento e la partecipazione attiva alla vita scolastica.

<u>Il Decreto Legislativo 66 del 13 aprile 2017</u> introduce ulteriori dettagli e aggiornamenti riguardanti l'ordinamento didattico e la valutazione degli alunni, compresi quelli con bisogni educativi speciali. Questa normativa mira a rafforzare l'inclusione scolastica attraverso l'adozione di <u>piani educativi individualizzati e il coinvolgimento attivo delle famiglie e degli operatori nel processo educativo</u>. Il decreto promuove, tra l'altro, anche l'utilizzo di metodologie didattiche inclusive, la formazione del personale scolastico sull'inclusione e l'aggiornamento degli strumenti e dei materiali didattici per rispondere adeguatamente alle diverse esigenze degli studenti.

<u>Il Decreto Legislativo 96 del 7 giugno 2019</u>, relativo al secondo grado di istruzione, porta con sé un ulteriore sviluppo normativo volto a consolidare e ampliare le misure di inclusione per gli alunni con disabilità. Questo decreto specifica chiaramente <u>le modalità di attuazione delle politiche di inclusione scolastica</u>, ponendo l'accento sull'importanza di una collaborazione efficace tra scuole, servizi territoriali e famiglie. Prevede, inoltre, l'adeguamento

delle infrastrutture e degli ambienti scolastici per renderli accessibili e funzionali alle esigenze di tutte le studentesse e gli studenti.

Concludo affermando...

Attraverso queste normative, l'Italia è riuscita a compiere passi significativi verso la realizzazione di un sistema educativo inclusivo, che riconosce e valorizza le differenze individuali come risorse. Le leggi e i decreti appena citati si integrano per fornire un quadro normativo complesso e dettagliato, che mira a promuovere l'inclusione scolastica degli alunni con disabilità in tutti i gradi di istruzione, assicurando loro le stesse opportunità di apprendimento, crescita personale e successo scolastico degli altri studenti.

Strumenti compensativi e misure dispensative

(Primaria)

Discutere degli strumenti compensativi e delle misure dispensative nella scuola primaria.

Cosa mi chiede? La domanda richiede di esplorare gli strumenti compensativi e le misure dispensative specificatamente nel contesto della scuola primaria. Procedo introducendo questi concetti per poi dedicarmi alle loro applicazioni pratiche.

Gli strumenti compensativi e le misure dispensative sono <u>due risorse fondamentali nel contesto dell'inclusione scolastica, mirate a supportare gli alunni con DSA o altre esigenze educative speciali.</u> Gli <u>strumenti compensativi</u> sono ausili e tecnologie che permettono all'alunno di aggirare e arginare le difficoltà legate al suo disturbo, facilitando l'apprendimento senza modificare la sostanza degli obiettivi didattici.

Le <u>misure dispensative</u>, invece, consistono nella riduzione o eliminazione di alcune attività o compiti che, a causa del disturbo specifico, risultano eccessivamente onerosi per l'alunno, senza compromettere il raggiungimento degli obiettivi formativi essenziali.

Adesso mi concentro sulle strategie e gli strumenti specifici che è possibile attuare nella scuola primaria.

<u>Uso di tecnologie per facilitare gli alunni con disturbi specifici dell'apprendimento</u>, come ad esempio i libri digitali che consentono di ingrandire il testo o di ascoltarlo, utili per gli alunni con difficoltà di lettura. Oltre alle tecnologie è consigliato dare più tempo nelle verifiche agli alunni che presentano disturbi dell'apprendimento. Come insegnanti è necessario adattare la propria valutazione in base alle difficoltà degli studenti, focalizzandosi sulle conoscenze e non sulle modalità di esposizione.

Concludo affermando...

Gli strumenti compensativi e le misure dispensative rappresentano un pilastro fondamentale per garantire <u>un'effettiva inclusione scolastica nella scuola primaria.</u> Attraverso l'impiego di queste risorse, si promuove un ambiente di apprendimento equo, che rispetta le diversità e valorizza le potenzialità, permettendo a tutti, nessuno escluso, di esprimere al meglio le proprie capacità.

Nuclei di valutazione esterna

(Sec. II grado)

Parlare dei Nuclei di valutazione esterna in merito ai compiti e funzioni.

Cosa mi chiede? La domanda richiede di illustrare sinteticamente la composizione, le funzioni e i compiti dei Nuclei di valutazione esterna nel contesto del secondo grado di istruzione. Procedo introducendo la struttura e il ruolo di questi nuclei per poi dedicarmi ai loro specifici compiti.

I Nuclei di valutazione esterna sono organi istituiti all'interno del sistema scolastico italiano con l'obiettivo di monitorare e valutare la qualità dell'offerta formativa delle istituzioni scolastiche, con una particolare attenzione sul secondo grado di istruzione. La loro composizione, le loro funzioni e i loro compiti sono definiti in modo da garantire un'analisi obiettiva e dettagliata delle pratiche didattiche e dei risultati scolastici. La composizione di questi nuclei prevede la presenza di esperti in valutazione statistica, psicometria e altri specifici ambiti disciplinari, oltre a figure con esperienza diretta nell'ambito dell'istruzione. Questi membri lavorano insieme per realizzare valutazioni esterne delle scuole, con l'obiettivo di fornire un riscontro costruttivo che possa contribuire al miglioramento continuo delle pratiche didattiche e dei risultati degli studenti.

Le funzioni dei Nuclei di valutazione esterna includono:

- Valutazione delle performance scolastiche: ottenute attraverso l'analisi dei risultati ottenuti dagli studenti in prove standardizzate e altre forme di valutazione.

- <u>Analisi dei processi didattici</u>: valutando l'efficacia delle metodologie didattiche adottate dalle scuole e la coerenza di queste con gli obiettivi formativi.

- <u>Supporto al miglioramento scolastico</u>: fornendo alle scuole report dettagliati sui punti di forza e sulle aree di miglioramento, insieme a raccomandazioni specifiche.

I compiti specifici dei Nuclei di valutazione esterna sono:

- <u>Realizzazione di visite ispettive</u>: al fine di osservare direttamente le pratiche didattiche e il clima scolastico.

- <u>Elaborazione di questionari</u>: rivolti a studenti, docenti e personale scolastico per raccogliere percezioni e opinioni sull'ambiente di apprendimento.

- <u>Analisi dei dati raccolti</u>: sia quantitativi - risultati delle prove standardizzate - che qualitativi - riscontri da questionari e visite -, al fine di redigere report di valutazione.

- <u>Fornitura di riscontri e raccomandazioni</u>: rivolta alle scuole, al fine di guidare il processo di miglioramento continuo.

Concludo affermando...

I Nuclei di valutazione esterna svolgono un ruolo cruciale nel sistema educativo italiano, promuovendo l'eccellenza e il miglioramento continuo delle istituzioni scolastiche del secondo grado. Attraverso le loro attività di valutazione e analisi, contribuiscono a garantire una formazione di qualità elevata e coerente con le esigenze formative degli studenti.

Dispersione scolastica

(Sec. II grado)

Illustrare il fenomeno della dispersione scolastica, esaminandone le motivazioni e discutendo le misure che si possono mettere in atto per prevenirlo.

Cosa mi chiede? La domanda richiede di analizzare il fenomeno della dispersione scolastica, esaminandone le cause e delineando le strategie che le scuole possono adottare per contrastarla, specificamente nel contesto del secondo grado di istruzione. Procedo suddividendo la risposta in due parti per esporre al meglio i concetti richiesti.

Dispersione scolastica: definizione, cause e strategie

La dispersione scolastica avviene quando uno studente lascia il percorso di studi per varie ragioni.

Cause della dispersione scolastica:

- Fattori socioeconomici: riguardano le condizioni familiari disagiate, le difficoltà economiche, la mancanza di supporto familiare.

- Difficoltà scolastiche: riguardano gli insuccessi, la relazione conflittuale con i propri insegnanti o compagni.

- Fattori personali: bassa autostima, mancanza di motivazione, problemi familiari, problemi di salute fisica o mentale.

Strategie di contrasto:

- Personalizzazione dell'apprendimento

- <u>Potenziamento del sostegno educativo e psicologico</u>
- <u>Iniziative di orientamento scolastico e professionale</u>
- <u>Coinvolgimento delle famiglie</u>
- <u>Promozione di progetti e attività extracurriculari</u>

Concludo affermando...

La lotta alla dispersione scolastica richiede un approccio a misura di studente, in grado di coinvolgere tutti gli attori del sistema educativo, nessuno escluso.

Ambiente di apprendimento

(Infanzia)

Descrivere a cosa ci si riferisce con le parole ambiente di apprendimento, prendere in esame le indicazioni nazionali del 2012.

Cosa mi chiede? La domanda richiede di esplorare la definizione di ambiente di apprendimento per la scuola dell'infanzia.

Le Indicazioni Nazionali del 2012 per la scuola dell'infanzia pongono una grande enfasi sull'ambiente di apprendimento, considerandolo non solo uno spazio fisico, ma un contesto ricco e stimolante che supporta il processo di apprendimento dei bambini.

Un ambiente di apprendimento, in questa prospettiva, risulta caratterizzato da:

- **Flessibilità**: ossia la capacità di adattarsi alle diverse esigenze educative e di apprendimento dei bambini, promuovendo costantemente attività individuali e di gruppo.

- Ricchezza di stimoli: la presenza di materiali diversificati e multisensoriali che invitano alla scoperta, all'esplorazione e alla sperimentazione.

- Sicurezza e accoglienza: un luogo che trasmetta sicurezza ai bambini.

-Socializzazione: grazie agli spazi progettati per favorire il dialogo, il gioco, tra bambini e bambini e insegnanti.

- Integrazione di attività con la natura: la valorizzazione degli spazi esterni e la promozione di attività a contatto con la natura sono da ritenersi fondamentali per l'apprendimento.

L'ambiente di apprendimento, secondo le Indicazioni Nazionali del 2012 per la scuola dell'infanzia, è visto come un ecosistema educativo che supporta lo sviluppo integrale del bambino, stimolandone le competenze cognitive, emotive, sociali e fisiche.

Concludo affermando...

Tale ambiente nella scuola dell'infanzia è progettato per sostenere lo sviluppo completo dei bambini in un contesto ricco, stimolante e inclusivo.

Campi di esperienza

(Infanzia)

Riflettere sui traguardi per lo sviluppo della competenza "campo di esperienza: il corpo e il movimento" nella scuola dell'infanzia.

Cosa mi chiede? La domanda invita a riflettere sui traguardi per lo sviluppo della competenza relativa al "campo di esperienza: il corpo e il movimento" nella scuola dell'infanzia. Procedo concentrandomi su questo specifico argomento.

Il campo di esperienza definito come "il corpo e il movimento" occupa una posizione centrale nell'educazione prescolare, in quanto il movimento unito alla conoscenza del proprio corpo risulta fondamentale per lo sviluppo del bambino.

Adesso mi accingo a parlare dei traguardi

I traguardi riguardano:

- <u>Conoscenza e controllo del proprio corpo</u>: attraverso il gioco, l'esplorazione e le attività motorie, i bambini imparano a gestire il proprio corpo con maggiore sicurezza, acquisendo consapevolezza delle proprie capacità fisiche e della propria salute.

- <u>Espressione e comunicazione</u>: il movimento del corpo è importante veicolo per comunicare.

- <u>Relazioni e socializzazione</u>: le attività motorie di gruppo promuovono l'apprendimento delle regole sociali, il rispetto degli altri, la capacità di ascoltare e collaborare, fondamentali per la vita comunitaria e l'inclusione sociale.

- <u>Sviluppo delle abilità motorie</u>: l'acquisizione di abilità motorie, che può essere fine e grossolana, è cruciale per il supporto allo sviluppo cognitivo e alla preparazione per apprendimenti futuri, come la scrittura e altre competenze scolastiche.

- <u>Promozione della salute e del benessere</u>: educare i più piccoli verso uno stile di vita salutare.

Concludo affermando

Il "campo di esperienza: il corpo e il movimento" nella scuola dell'infanzia è fondamentale per promuovere lo sviluppo dei bambini. Attraverso diverse attività, si può incoraggiare non solo la salute fisica e la coordinazione, ma anche le competenze sociali, emotive e cognitive dei bambini.

Competenze

(Sec. II grado)

Analizza, nel contesto dell'educazione e dell'insegnamento, le nozioni di competenze culturali (orientate all'acquisizione delle conoscenze essenziali), competenze professionali (volte a favorire l'ingresso nel mondo del lavoro) e competenze sociali (importanti per il ruolo attivo nella società) come obiettivi principali dei programmi di studio delle scuole superiori.

Cosa mi chiede? La domanda invita a considerare, sotto l'aspetto educativo e metodologico, le idee di competenze culturali, professionali e sociali come obiettivi chiave dei programmi scolastici del secondo ciclo dell'istruzione secondaria.

Questi tre ambiti rappresentano dei pilastri fondamentali per lo sviluppo integrale degli studenti, preparandoli non solo al mondo del lavoro ma anche alla vita all'interno della società come cittadini attivi e consapevoli.

Procedo analizzando ciascuno di questi concetti per poi esaminare come possono essere integrati nell'ambito didattico.

<u>Le competenze culturali</u> si riferiscono alla padronanza dei saperi fondamentali, come la letteratura, la storia, la filosofia, le scienze e le lingue. Queste competenze permettono di sviluppare un pensiero critico, di comprendere e interpretare la realtà e di acquisire una consapevolezza storica e culturale, indispensabile a livello formativo.

<u>Le strategie didattiche</u> per promuovere le competenze culturali possono arrivare a includere la discussione di testi letterari o storici che sollecitano il pensiero critico, progetti di ricerca interdisciplinari che integrano scienze umane e scienze naturali, e l'uso delle tecnologie per esplorare diverse culture e periodi storici.

<u>Le competenze professionali</u> si riferiscono all'insieme di conoscenze e abilità specifiche che preparano gli studenti all'ingresso nel mondo del lavoro. Possono includere la comprensione dei processi tecnologici, economici e scientifici, nonché lo sviluppo di competenze pratiche e tecniche specifiche attraverso i laboratori o gli stage.

<u>Le competenze sociali</u>, invece, riguardano la capacità di interagire in modo efficace e costruttivo con gli altri, di lavorare in gruppo, di risolvere conflitti. Si possono sviluppare con progetti di gruppo o dibattiti su temi di attualità.

Concludo affermando...

L'integrazione di competenze culturali, professionali e sociali nei curriculum della scuola secondaria di II grado rappresenta un approccio completo all'educazione, che prepara gli studenti non solo per il successo professionale, ma anche per essere cittadini responsabili e partecipi nella società.

Educazione alla cittadinanza

(Sec. I grado)

Riflettere sull'educazione alla cittadinanza nella scuola secondaria di I grado.

Cosa mi chiede? La domanda richiede una riflessione sull'educazione alla cittadinanza nella scuola secondaria di I grado. Questo tema è fondamentale per formare studenti che siano non solo ben preparati in termini accademici, ma anche consapevoli dei loro diritti e doveri come cittadini, capaci di partecipare attivamente alla vita della società.

L'educazione alla cittadinanza mira a sviluppare competenze sociali, etiche, e civiche, incoraggiando gli studenti a riflettere sulle questioni sociali, politiche ed economiche del proprio tempo.

Procedo analizzando come questi obiettivi possono essere integrati nell'ambito didattico.

Strategie Didattiche per l'Educazione alla Cittadinanza

- <u>Il dibattito</u>: organizzare dibattiti su temi di attualità legati ai diritti umani, alla sostenibilità, alla democrazia, e altri temi civici permette agli studenti di esplorare diverse prospettive (vedi pensiero divergente) e di formulare una propria opinione informata (vedi pensiero convergente).

Questa attività promuove la capacità di ascolto, di argomentazione e di rispetto per le opinioni altrui.

- <u>Progetti incentrati sulla comunità</u>: coinvolgere gli studenti in iniziative di volontariato o progetti di servizio alla comunità li aiuta a comprendere le responsabilità sociali e a sviluppare empatia e solidarietà.

- <u>Educazione ai media e all'informazione</u>: insegnare agli studenti a comprendere, analizzare e valutare criticamente i contenuti dei media contribuisce allo sviluppo di una cittadinanza informata. Questo include l'identificazione di fake news, la comprensione degli effetti dei social media e la promozione di un uso responsabile delle tecnologie digitali.

Concludo affermando...

L'educazione alla cittadinanza nella scuola secondaria di primo grado è un processo complesso che richiede un approccio multidisciplinare e l'adozione di metodologie didattiche che promuovano l'interazione, la riflessione critica e l'impegno attivo. Attraverso queste strategie, è possibile preparare gli studenti a diventare cittadini responsabili, consapevoli e partecipativi, capaci di contribuire positivamente alla società.

Patto di corresponsabilità

(Primaria)

Illustrare il patto di corresponsabilità educativa scuola e famiglia e spiegarne l'importanza in merito alla scuola primaria.

Cosa mi chiede? La domanda richiede di illustrare il patto di corresponsabilità educativa tra scuola e famiglia e di spiegarne l'importanza, specificamente nel contesto della scuola primaria. Procedo analizzando l'importanza di questo patto e come può essere attuato.

Il patto di corresponsabilità educativa è un accordo formale che definisce il ruolo attivo e condiviso tra scuola e famiglie nell'educazione dei bambini. Si basa sul principio che l'educazione sia un processo collaborativo che richiede l'impegno congiunto di insegnanti, genitori e alunni. Il Patto di Corresponsabilità Educativa è importante per le seguenti ragioni:

- Sostegno al percorso educativo: il patto porta a rafforzare il sostegno reciproco tra scuola e famiglia, grazie anche a una maggiore comunicazione.

- Coinvolgimento dei genitori: incoraggia una maggiore partecipazione dei genitori nella vita scolastica, attraverso incontri e attività.

- Risposta a bisogni individuali: permette di identificare e rispondere più efficacemente ai bisogni educativi e socio-emotivi, attraverso un'azione sinergica tra scuola e famiglia.

- Promozione del benessere degli alunni: si crea un ambiente dove si apprende in un clima positivo, dove ogni alunno si sente stimolato e ha voglia di imparare.

Concludo affermando...

Il patto di corresponsabilità educativa è fondamentale per il successo educativo degli alunni della scuola primaria. Un approccio che riconosce l'importanza di unire le forze per sostenere al meglio ogni studente nel suo percorso di crescita.

PCTO

(Sec. II grado)

Illustrare i punti principali dei percorsi per le competenze trasversali e l'orientamento nella scuola secondaria di II Grado.

Cosa mi chiede? La domanda mi chiede di illustrare i punti principali dei percorsi per le competenze trasversali e l'orientamento nella scuola secondaria di II grado. Procedo introducendo l'importanza di queste competenze e come possono essere sviluppate attraverso attività didattiche.

Questi percorsi sono essenziali per preparare gli studenti non solo al successo scolastico ma anche alla vita lavorativa e sociale, fornendo loro strumenti per far fronte alle sfide future con maggiore efficacia.

Competenze Trasversali

Le competenze trasversali, note anche come "soft skills", includono abilità comunicative, lavoro di squadra, pensiero critico, problem-solving, gestione del tempo, e resilienza. Sono fondamentali perché trasferibili in vari contesti.

Orientamento

L'orientamento mira a supportare gli studenti nella scoperta delle proprie inclinazioni e potenzialità.

Le seguenti attività Didattiche sono utili per Sviluppare Competenze Trasversali e Orientamento

- <u>La tecnica del Problem solving</u>: questa strategia incoraggia gli studenti ad affrontare situazioni complesse o studi di casi realistici, promuovendo l'uso del pensiero divergente per esplorare soluzioni multiple e del pensiero convergente per selezionare quella più efficace.

- <u>Il dibattito</u>: organizzare dibattiti su tematiche attuali o storiche stimola la capacità di ascolto e il rispetto per punti di vista diversi. Questa attività promuove il pensiero critico, e l'empatia.

- <u>Lavorare in gruppo</u>: attraverso progetti di gruppo, utili per sviluppare competenze di collaborazione, leadership, e migliorare la gestione dei conflitti. Attraverso il lavoro in gruppo, si rafforza la fiducia e il supporto a vicenda.

- <u>Programmi di orientamento</u>: sia a livello professionale che per il futuro percorso universitario. Questi programmi consentono una più ampia riflessione sulle proprie scelte.

Concludo affermando...

I percorsi per le competenze trasversali e l'orientamento nella scuola secondaria di II grado sono fondamentali per equipaggiare gli studenti con le abilità necessarie per affrontare il mondo complesso di oggi.

Programmazione Didattica

(Sec. I grado)

Illustrare gli elementi fondamentali che caratterizzano la programmazione didattica nella scuola di primo grado.

Cosa mi chiede? La domanda richiede di illustrare gli elementi fondamentali che caratterizzano la programmazione didattica nella scuola secondaria di I grado. Procedo analizzando gli elementi essenziali di questo processo.

<u>Attraverso la programmazione didattica si stabiliscono gli obiettivi</u> di apprendimento, i contenuti, il metodo e le strategie di valutazione che verranno poi adottate nel corso dell'anno scolastico. Gli elementi principali sono:

- <u>Obiettivi di Apprendimento</u>: definire chiaramente gli obiettivi che gli studenti dovrebbero raggiungere al termine di un percorso didattico. Questi obiettivi sono allineati con le indicazioni nazionali e tengono conto delle esigenze specifiche degli studenti.

- <u>Contenuti</u>: selezionare i contenuti che verranno trattati per raggiungere gli obiettivi. I contenuti devono essere pertinenti, significativi e adeguati.

- <u>Metodologie Didattiche</u>: scegliere le metodologie e le tecniche didattiche che meglio si adattano agli obiettivi e ai contenuti, promuovendo un apprendimento attivo e partecipativo. Questo include l'uso di lezioni frontali, lavoro di gruppo, progetti, esercitazioni pratiche, uso delle tecnologie e altro ancora.

- <u>Strumenti e Risorse</u>: identificare gli strumenti e le risorse didattiche, come libri di testo, materiali digitali, laboratori, visite esterne, che saranno utilizzati per facilitare l'apprendimento e rendere la didattica più efficace e coinvolgente.

- <u>Valutazione</u>: definire i criteri e gli strumenti di valutazione per seguire i progressi. La valutazione può includere test, lavori scritti, osservazioni, autovalutazione e "peer evaluation".

- <u>Inclusione</u>: assicurare che la programmazione didattica sia inclusiva, prevedendo adeguamenti e differenziazioni.

- <u>Orientamento e Competenze Trasversali</u>: integrare attività che promuovano lo sviluppo di competenze trasversali, come il pensiero critico, la collaborazione, la comunicazione efficace e l'orientamento per preparare gli studenti alla vita oltre la scuola.

Concludo affermando...

La programmazione didattica nella scuola secondaria di I grado è un processo complesso che richiede una pianificazione attenta e considerata di vari elementi interconnessi. Attraverso la definizione di obiettivi chiari, la selezione di contenuti rilevanti, l'adozione di metodologie didattiche efficaci, l'utilizzo di risorse appropriate, la realizzazione di valutazioni significative e l'attenzione all'inclusione e allo sviluppo di competenze trasversali, è possibile creare un ambiente di apprendimento che promuova lo sviluppo di creatività, pensiero divergente e pensiero convergente allo stesso tempo, supportando così la crescita complessiva degli studenti.

Didattica digitale

(Sec. II grado)

Illustrare e argomentare le linee guida per la didattica digitale integrata in merito alla scuola di II grado.

Cosa mi chiede? La domanda chiede di illustrare e argomentare le linee guida per la didattica digitale integrata specificamente per la scuola secondaria di II grado. Procedo introducendo le principali linee guida per la didattica digitale integrata e come queste possono essere applicate attraverso attività didattiche che stimolino sia il pensiero divergente che quello convergente.

L'integrazione della tecnologia nell'educazione apre nuove frontiere nell'apprendimento, rendendo cruciale l'adozione di approcci didattici che sfruttino efficacemente le risorse digitali. Le <u>principali linee guida</u> per questa didattica sono:

- <u>Utilizzo di Piattaforme e Strumenti Digitali</u>: grazie alla selezione di piattaforme educative che facilitino la collaborazione, la comunicazione e la gestione dei contenuti didattici, che consentono agli studenti di accedere a risorse multimediali, partecipare a forum di discussione e lavorare in modo collaborativo su progetti comuni.

- <u>Personalizzazione dell'Apprendimento</u>: impiegare tecnologie digitali per modellare l'esperienza di apprendimento di ciascuno studente, adattando i percorsi formativi alle loro esigenze, preferenze e ritmi di apprendimento attraverso l'uso di software educativi, apprendimento adattivo e sistemi di tutoring intelligenti.

- <u>Sviluppo delle Competenze Digitali</u>: integrare nel curriculum attività specifiche volte a sviluppare competenze digitali, come la ricerca efficace delle informazioni, la valutazione critica delle fonti online, la sicurezza in rete e l'etica digitale.

- <u>Didattica Flipped Classroom e Apprendimento Attivo</u>: sperimentare metodologie didattiche innovative come la "flipped classroom", che incoraggiano gli studenti a studiare il materiale didattico a casa attraverso video lezioni o risorse digitali e a utilizzare il tempo in classe per attività pratiche, discussioni o lavori di gruppo che promuovono l'applicazione e l'approfondimento dei concetti studiati.

- <u>Valutazione Formativa e Feedback Digitale</u>: utilizzare strumenti digitali per realizzare forme di valutazione formativa continua, fornendo riscontri tempestivi e personalizzati attraverso quiz online, portfolio digitale e sistemi di autovalutazione.

Attività Didattiche per la Didattica Digitale Integrata

- <u>La tecnica del Problem solving con strumenti digitali</u>: incoraggiare gli studenti a utilizzare simulatori online, giochi educativi o app per risolvere problemi complessi in materie scientifiche, matematiche o tecniche, promuovendo così un apprendimento basato sul pensiero divergente e convergente.

- <u>Il dibattito attraverso forum online o piattaforme di videoconferenza</u>: facilitare dibattiti su tematiche attuali utilizzando strumenti digitali per permettere la partecipazione anche a distanza, stimolando la capacità di analisi critica e di espressione articolata delle proprie opinioni.

- <u>Lavori in gruppo su progetti digitali</u>: assegnare progetti che richiedano la collaborazione a distanza, l'uso di software di presentazione, di editing video o di programmazione, per sviluppare competenze digitali specifiche oltre a quelle collaborative e creative.

- <u>Ricerca online guidata</u>: organizzare attività di ricerca che richiedano agli studenti di navigare, valutare e sintetizzare informazioni da fonti digitali diverse, sviluppando competenze informative critiche e capacità di gestione dell'informazione.

Concludo affermando...

Le linee guida per la didattica digitale integrata nella scuola secondaria di II grado mirano a creare un ambiente di apprendimento ricco, interattivo e personalizzato, che prepari gli studenti alle sfide del futuro. Attraverso l'adozione di queste strategie, è possibile promuovere lo sviluppo di creatività, pensiero divergente e pensiero convergente, essenziali in un mondo sempre più interconnesso e digitale.

TIC e UDA

(Sec. II grado)

Riflettere sull'influenza dell'online come risorsa per l'insegnamento e fornire un esempio pratico di come utilizzarla all'interno di un'unità didattica nella scuola secondaria di II Grado.

Cosa mi chiede? La domanda richiede una riflessione sull'influenza dell'online come risorsa per l'insegnamento nella scuola secondaria di II grado, e un esempio pratico di come questa può essere utilizzata all'interno di un'unità didattica. Procedo ora a esplorare come queste opportunità possono essere integrate efficacemente in un'unità didattica.

L'utilizzo delle risorse online nell'educazione ha rivoluzionato il modo in cui insegnanti e studenti accedono alle informazioni, collaborano e imparano. La rete offre infinite possibilità per arricchire l'esperienza educativa, promuovendo un apprendimento più interattivo, personalizzato e accessibile.

Procedo a illustrare alcune strategie didattiche per Integrare le risorse online

- <u>La tecnica del Problem solving con risorse online</u>: si impiegano simulazioni virtuali, giochi educativi online o database per indagare problemi reali o ipotetici. Questo approccio stimola gli studenti a utilizzare il pensiero divergente per esplorare diverse soluzioni e il pensiero convergente per analizzare i dati raccolti individuando la soluzione più efficace.

- Il dibattito utilizzando forum online o piattaforme social: creare spazi virtuali dove gli studenti possono discutere temi di attualità o storici, sviluppando competenze critiche e di argomentazione. L'uso dei forum permette una partecipazione più ampia e riflessiva, offrendo tempo per elaborare risposte ponderate.

- Lavori in gruppo su progetti digitali: assegnare progetti che richiedano la ricerca online, l'utilizzo di strumenti collaborativi come "Google Docs" o "Trello" e la presentazione dei risultati attraverso strumenti digitali come presentazioni multimediali o video. Questo favorisce lo sviluppo di competenze digitali e di collaborazione.

- Ricerca online guidata: definire temi di ricerca che incoraggino gli studenti a consultare fonti diverse, valutare la credibilità delle informazioni e sintetizzare i dati in una relazione o presentazione. Questa attività promuove competenze informative, critiche e di sintesi.

Adesso proseguo illustrando un esempio pratico di un'unità didattica integrata online

Unità Didattica: Cambiamenti Climatici e Sostenibilità

- Fase Introduttiva: utilizzare video educativi online e articoli per introdurre il tema dei cambiamenti climatici. Organizzare una discussione in classe basata su domande che stimolino il pensiero critico sugli impatti ambientali delle azioni umane.

- Ricerca e Problem Solving: dividere la classe in gruppi e assegnare a ciascuno un argomento specifico legato ai cambiamenti climatici (ad esempio effetti sulle barriere coralline, innalzamento del livello del mare, soluzioni sostenibili). Utilizzare risorse online per la ricerca e preparare una presentazione dei risultati.

- <u>Dibattito Online</u>: creare un forum online dove i gruppi possono pubblicare le sintesi delle loro ricerche e discutere le possibili soluzioni ai problemi individuati. Questo incoraggia il confronto di idee diverse e la costruzione di argomentazioni basate su evidenze.

- <u>Progetto Finale</u>: incoraggiare gli studenti a progettare un'iniziativa sostenibile che possa essere implementata nella loro comunità o scuola, utilizzando gli strumenti digitali per pianificare e presentare il progetto.

Concludo affermando...

L'integrazione delle risorse online nell'insegnamento offre un'opportunità preziosa per arricchire l'esperienza educativa, rendendo l'apprendimento più coinvolgente, accessibile e in linea con le sfide del XXI secolo. Utilizzando queste risorse in modo critico e creativo, possiamo promuovere lo sviluppo di competenze trasversali, preparando gli studenti a diventare cittadini informati, riflessivi e proattivi.

Funzioni della valutazione

(Primaria)

Esporre le funzioni principali della valutazione didattica nella scuola primaria.

Cosa mi chiede? La domanda mi chiede di esporre le funzioni principali della valutazione didattica nella scuola primaria. Procedo introducendo le principali funzioni della valutazione didattica e come queste si integrano nel contesto educativo.

La valutazione didattica è un processo fondamentale all'interno del sistema scuola. Le funzioni principali della valutazione sono quattro, nello specifico:

- <u>Diagnosi</u>: la valutazione didattica ha una funzione diagnostica che permette di individuare le conoscenze preliminari degli studenti, i loro punti di forza e dove possono migliorare. Questo aiuta l'insegnante a rendere più personalizzato l'insegnamento.

- <u>Formativa</u>: si tratta di una valutazione continua. Ha lo scopo di fornire riscontro regolare agli studenti sui loro progressi, aiutandoli a comprendere gli aspetti da migliorare e incoraggiando la riflessione sul proprio percorso di apprendimento.

- <u>Sommativa</u>: al termine di un'unità di apprendimento o dell'anno scolastico, la valutazione sommativa misura il livello di apprendimento raggiunto dagli studenti rispetto agli obiettivi didattici prefissati. Serve a certificare le competenze acquisite.

- <u>Orientativa</u>: fornisce alle studentesse e agli studenti indicazioni su come indirizzare i propri studi e il proprio lavoro futuro. Attraverso la valutazione, gli alunni possono scoprire i propri interessi e talenti, orientandosi verso percorsi educativi successivi.

Proseguo cercando di fornire un esempio pratico.

Unità Didattica: Il Sistema Solare

- <u>Diagnosi</u>: prima di iniziare l'unità, è bene utilizzare dei quiz interattivi online per valutare le conoscenze preliminari degli studenti sul sistema solare. Questo aiuterà a identificare gli argomenti che richiedono maggiore attenzione.

- <u>Formativa</u>: durante l'unità, si andrà ad assegnare ai bambini il compito di creare un modello del sistema solare utilizzando materiali di riciclo. Si osserverà il processo e si fornirà un riscontro costruttivo, stimolando il pensiero divergente per l'ideazione del modello e il pensiero convergente per l'applicazione delle conoscenze scientifiche.

- <u>Sommativa</u>: al termine dell'unità, si organizzerà una presentazione dei modelli del sistema solare, durante la quale ciascuno studente descriverà il proprio lavoro e risponderà alle domande. Questo momento è utile per valutare la capacità di sintesi e di esposizione, oltre alla correttezza delle informazioni scientifiche.

- <u>Orientativa</u>: si rifletterà poi con gli studenti sulle competenze sviluppate durante l'unità, e di come queste possano essere utili in diversi contesti.

Concludo affermando...

La valutazione didattica nella scuola primaria gioca un ruolo chiave nel supportare l'apprendimento efficace degli studenti, fornendo loro e ai loro insegnanti gli strumenti necessari per monitorare e guidare il processo educativo. Attraverso le diverse funzioni della valutazione, è possibile promuovere lo sviluppo di creatività, pensiero divergente e pensiero convergente, essenziali per un apprendimento completo e significativo.

Disabilità e sistema di valutazione

(Sec. II grado)

Nella scuola secondaria di II Grado l'insegnante di sostegno è coinvolto nella valutazione degli studenti. Esporre i principali riferimenti normativi inerenti alla valutazione degli apprendimenti degli studenti con disabilità.

Cosa mi chiede? La domanda richiede di esporre i principali riferimenti normativi relativi alla valutazione degli apprendimenti degli studenti con disabilità nella scuola secondaria di II grado, contestualizzando il ruolo dell'insegnante di sostegno in questo processo. Procedo introducendo i riferimenti normativi chiave e il loro impatto sulle strategie didattiche.

La valutazione degli studenti con disabilità è regolata da specifiche normative volte a garantire un approccio equo e inclusivo, riconoscendo le esigenze individuali di ciascuno studente.

Mi accingo a esporre i principali riferimenti normativi

- **Legge 104/1992**: questa legge fondamentale sui diritti delle persone con disabilità stabilisce il diritto all'integrazione scolastica e prevede l'adozione di "Piani Educativi Individualizzati" (PEI), che devono essere concepiti con un approccio multidisciplinare, coinvolgendo insegnanti di sostegno, personale docente, famiglie e, quando possibile, gli stessi studenti.

- **Linee guida per l'integrazione scolastica degli alunni con disabilità (2009)**: forniscono indicazioni su come realizzare l'integrazione scolastica, sottolineando l'importanza della personalizzazione dell'insegnamento e della valutazione, basata sulle capacità e potenzialità dello studente piuttosto che sui limiti imposti dalla disabilità.

- **Legge 170/2010**: specifica i diritti degli studenti con "Disturbi Specifici di Apprendimento" (DSA), ma i suoi principi sono applicabili anche agli studenti con disabilità, promuovendo l'uso di strumenti compensativi e misure dispensative.

Decreto Ministeriale 5669/2011: introduce il modello del PEI basato sull'ICF (International Classification of Functioning, Disability and Health) dell'OMS, che considera la valutazione delle competenze in termini di funzionamento e partecipazione dello studente, anziché limitarsi agli aspetti deficitari.

Concludo affermando...

I riferimenti normativi per la valutazione degli apprendimenti degli studenti con disabilità sottolineano l'importanza di un approccio inclusivo e personalizzato, che valorizzi le potenzialità di ciascuno studente. L'insegnante di sostegno gioca un ruolo cruciale in questo processo, facilitando l'accesso alle risorse didattiche e supportando la partecipazione attiva degli studenti con disabilità. Questo approccio promuove un ambiente di apprendimento accogliente e stimolante, dove tutte le studentesse e gli studenti possono sviluppare pienamente le loro competenze.

Adozione diversificata

(Sec. I grado)

Oggi gli insegnanti sono chiamati a impiegare diverse strategie didattiche. Spiegare cosa si intende per strategie didattiche e perché si sostiene l'importanza di adottarle in modo diversificato per quanto riguarda la scuola di I grado.

Cosa mi chiede? La domanda richiede di spiegare il concetto di strategie didattiche e di argomentare sull'importanza di adottarle in modo diversificato nell'ambito della didattica in classe, specificatamente per la scuola primaria. Procedo ora a esplorare in dettaglio le ragioni dell'importanza di questa diversificazione.

Le strategie didattiche rappresentano l'insieme dei metodi, delle tecniche e degli approcci che l'insegnante utilizza per facilitare l'apprendimento degli studenti. L'adozione di strategie didattiche diversificate è fondamentale per essere in linea con esigenze differenti, stimolare il loro interesse e promuovere un apprendimento efficace. Le strategie didattiche diversificate sono importanti per i seguenti motivi:

- Rispondono alle diverse modalità di imparare: gli studenti hanno stili di apprendimento differenti; alcuni apprendono meglio attraverso l'ascolto, altri attraverso il movimento o la manipolazione diretta degli oggetti. Utilizzare una varietà di strategie didattiche permette di incontrare le esigenze di ciascuno studente, migliorando la comprensione e la memorizzazione delle informazioni.

- Stimolare il Pensiero Critico e Creativo: Alternare tra strategie che promuovono il pensiero divergente, come progetti creativi o brainstorming, e strategie che richiedono il pensiero convergente, come la risoluzione di problemi o l'analisi di casi studio, aiuta a sviluppare un'ampia gamma di abilità cognitive negli studenti.

Aumentare l'Engagement e la Motivazione: L'uso di metodologie didattiche variegate può rendere l'apprendimento più interessante e coinvolgente. Tecniche come il gioco, l'uso delle tecnologie, o l'apprendimento basato sui progetti possono aumentare significativamente la motivazione.

Favorire l'Autonomia nell'Apprendimento: Incoraggiare gli studenti a partecipare attivamente al proprio processo di apprendimento attraverso strategie che richiedono esplorazione, ricerca e scelte personali li rende più autonomi e responsabili del loro percorso educativo.

Concludo affermando...

L'adozione di strategie didattiche diversificate nella scuola primaria è essenziale per creare un ambiente di apprendimento inclusivo, stimolante ed efficace. Attraverso queste strategie, è possibile non solo facilitare l'acquisizione delle conoscenze ma anche sviluppare competenze chiave come il pensiero critico, la creatività, la collaborazione e l'autonomia degli studenti.

Debate

(Sec. II grado)

Delineare le peculiarità didattiche della metodologia denominata debate.

Cosa mi chiede? La domanda richiede di delineare le peculiarità didattiche della metodologia del dibattito, o "debate", specificamente nel contesto della scuola secondaria di II grado. Procedo introducendo come questa metodologia si inserisce nell'ambito delle strategie didattiche promuovendo l'uso del pensiero divergente e convergente.

Il dibattito è <u>una metodologia didattica interattiva</u> che incoraggia gli studenti a esplorare e discutere tematiche complesse, sviluppando competenze critiche, di ascolto, di argomentazione e di presentazione. Le sue peculiarità sono:

<u>Sviluppo del Pensiero Critico</u>: il dibattito stimola gli studenti a esaminare criticamente un argomento da diverse prospettive.

Miglioramento delle Abilità Comunicative: gli studenti apprendono ad esprimersi in modo efficace, grazie anche all'ascolto attivo.

- Incoraggiamento del Lavoro di Squadra: anche se il dibattito può sembrare una competizione, richiede una collaborazione stretta tra membri della stessa squadra, che devono elaborare insieme strategie, dividere compiti e supportarsi a vicenda.

Concludo affermando...

Il dibattito come metodologia didattica offre un approccio dinamico e partecipativo all'apprendimento, che non solo arricchisce le competenze accademiche degli studenti ma contribuisce anche allo sviluppo delle loro capacità sociali e personali. Attraverso il dibattito, gli studenti apprendono l'importanza di una comunicazione efficace, del lavoro di squadra e del rispetto per le opinioni altrui, competenze fondamentali sia a scuola che nella vita.

Laboratorio

(Sec. II grado)

In un contesto didattico di tipo laboratoriale, gli studenti possono esprimere, senza le costrizioni dell'ambiente classe, competenze e talenti delle volte inaspettati. Costruire una situazione tipo in cui il ricorso all'approccio del laboratorio risulti particolarmente vantaggioso.

Cosa mi chiede? La domanda richiede di costruire una situazione didattica in cui l'approccio laboratoriale risulti particolarmente vantaggioso nella scuola secondaria di II grado.

L'ambiente laboratoriale, caratterizzato da un apprendimento esperienziale e interattivo, permette alle studentesse e agli studenti di esplorare, sperimentare e applicare concretamente le conoscenze, favorendo l'emergere di competenze e talenti spesso inaspettati.

Procedo ora a delineare un'attività didattica che incorpori sia il pensiero convergente che quello divergente.

Situazione Tipo: Laboratorio di Robotica

- <u>Contesto</u>: un laboratorio di robotica offre alle studentesse e agli studenti l'opportunità di applicare principi di matematica, fisica, ingegneria e informatica in progetti pratici, stimolando sia il pensiero creativo che quello analitico.

Fasi dell'Attività

- <u>Introduzione Teorica</u>: qui avviene la presentazione dei concetti fondamentali della robotica, inclusi i principi di programmazione, meccatronica e design. Questa fase stimola il pensiero convergente, poiché gli studenti devono comprendere e assimilare le informazioni tecniche che verranno applicate.

<u>Brainstorming di Gruppo</u>: gli studenti, divisi in gruppi, partecipano a sessioni di brainstorming per generare idee su un progetto di robot da realizzare. Questa fase richiede un pensiero divergente, incoraggiando la creatività e la generazione di soluzioni innovative.

Progettazione e Costruzione: ciascun gruppo sviluppa il proprio robot, applicando i concetti appresi e risolvendo problemi pratici relativi alla costruzione e alla programmazione. Questa fase combina pensiero divergente, nella scelta delle soluzioni progettuali, e pensiero convergente, nell'applicazione pratica delle idee.

Test e Ottimizzazione: dopo la costruzione, gli studenti testano i loro robot, identificando e risolvendo eventuali problemi. Questo processo richiede un'intensa attività di pensiero convergente, analizzando i difetti e perfezionando il design per migliorare le prestazioni.

Presentazione Finale: Ogni gruppo presenta il proprio robot alla classe, spiegando le scelte progettuali, le sfide incontrate e come le hanno superate. Questa fase permette agli studenti di riflettere sul loro lavoro, promuovendo sia il pensiero divergente (nella spiegazione delle scelte creative) che quello convergente (nell'analisi dei problemi risolti).

Espongo i diversi vantaggi.

Vi sono diversi vantaggi nell'Approccio Laboratoriale, come ad esempio:

- Apprendimento Attivo: gli studenti sono direttamente coinvolti nel processo di apprendimento.

- Sviluppo di Competenze Trasversali: oltre alle competenze tecniche, sviluppano abilità di lavoro di squadra, problem solving, pensiero critico e comunicazione.

- Motivazione e Coinvolgimento: lavorare su progetti concreti aumenta l'interesse e la motivazione, rendendo l'apprendimento più significativo e piacevole.

- <u>Personalizzazione dell'Apprendimento</u>: l'ambiente laboratoriale permette di adattare i progetti ai diversi livelli di competenza e interesse, promuovendo un'educazione inclusiva e altamente personalizzata.

Concludo affermando...

L'approccio laboratoriale nella didattica è particolarmente vantaggioso perché promuove lo sviluppo integrato di competenze cognitive, tecniche e sociali. Attraverso attività come il laboratorio di robotica, si promuove un apprendimento dinamico, essenziale per la formazione di individui creativi, critici e capaci di innovazione.

Strategie didattiche

(Sec. II grado)

Elaborare un'attività multidisciplinare idonea allo sviluppo delle competenze sociali nella scuola secondaria di II grado.

Cosa mi chiede? La domanda invita a elaborare un'attività multidisciplinare che sia idonea allo sviluppo delle competenze sociali nella scuola secondaria di II grado.

In questo contesto, una metodologia che integri diversi ambiti disciplinari può fornire un'esperienza di apprendimento ricca e complessa, favorendo lo sviluppo di competenze sociali attraverso il lavoro di squadra, la comunicazione efficace, la negoziazione, e la risoluzione dei conflitti.

Procedo ora a delineare un'attività che incorpori sia il pensiero divergente che quello convergente.

Attività Multidisciplinare: Progetto "Cittadini del Mondo"

L'obiettivo è quello di sviluppare la consapevolezza globale degli studenti, le competenze comunicative interculturali e la collaborazione, attraverso l'esplorazione di temi come la sostenibilità, la pace, i diritti umani e la diversità culturale. Le discipline coinvolte sono: Storia, Geografia, Lingue Straniere, Educazione Civica, Arte.

Mi accingo a presentare le fasi dell'attività

- <u>Ricerca ed Esplorazione (Pensiero Divergente)</u>: in questa fase si divide la classe in piccoli gruppi e si assegna a ciascuno un tema specifico legato alla cittadinanza globale. Ogni gruppo dovrà condurre una ricerca multidisciplinare, esplorando il tema da diverse prospettive: storica, geografica, linguistica, artistica e civica.

- <u>Elaborazione di Progetti (Pensiero Divergente e Convergente)</u>: sulla base della ricerca, ciascun gruppo svilupperà un progetto creativo che possa comunicare il tema esplorato: può essere un video, una presentazione digitale, un'opera d'arte, una campagna di sensibilizzazione o un evento. Questa fase richiederà l'uso del pensiero divergente per ideare il progetto e del pensiero convergente per organizzare e realizzare l'idea in modo efficace.

- <u>Presentazione e Condivisione (Pensiero Convergente)</u>: Si organizzerà un momento di condivisione dove ogni gruppo presenterà il proprio progetto alla classe e, se possibile, all'intera scuola. Questo momento va a favorire lo sviluppo delle competenze comunicative e la capacità di presentare e argomentare le proprie idee in pubblico.

- <u>Riflessione e Discussione (Pensiero Divergente e Convergente)</u>: dopo le presentazioni, si condurrà una riflessione di gruppo sulle diverse tematiche affrontate, discutendo le implicazioni globali e locali e riflettendo sul ruolo di ciascuno come cittadino attivo e responsabile. Questo è volto a incoraggiare una comprensione più profonda dei temi trattati, migliorando anche la capacità di analisi critica e l'empatia.

Questa attività promuove le competenze sociali, incentiva l'apprendimento e fornisce una maggiore consapevolezza grazie ai temi trattati.

Concludo affermando...

Un'attività multidisciplinare come il progetto "Cittadini del Mondo" promuove lo sviluppo di competenze sociali fondamentali nella scuola secondaria di II grado, preparando gli studenti non solo a essere apprendenti efficaci ma anche cittadini attivi e consapevoli nel contesto globale. Attraverso questa esperienza, gli studenti imparano a valorizzare la diversità, a impegnarsi in questioni di rilevanza globale e a contribuire positivamente alla società.

Linguaggio non verbale e visivo motorio

(Sec. I grado)

Presentare approcci innovativi volti a potenziare le competenze nel linguaggio non verbale e visivo-motorio degli studenti, con riferimento alla normativa sull'autonomia delle scuole.

Cosa mi chiede? La domanda invita a illustrare degli approcci innovativi in merito al linguaggio, procedo partendo dalla normativa.

La normativa sull'autonomia scolastica, in particolare la legge 59/1997 e i successivi decreti attuativi, ha fornito alle scuole la possibilità di adottare piani di studio personalizzati, inclusi metodi e strategie didattiche innovativi, per rispondere meglio alle esigenze educative degli studenti. Questo contesto normativo incoraggia le scuole a sperimentare e integrare attività che sviluppino competenze diverse, inclusi il linguaggio non verbale e le abilità visivo-motorie.

Procedo ora ad illustrare come queste strategie possono essere attuate.

L'integrazione di attività artistiche e di disegno si rivela un efficace strumento per permettere agli studenti di esprimersi attraverso linguaggi non verbali. Allo stesso modo, le attività teatrali e di drammatizzazione si pongono come un altro potente mezzo attraverso cui gli studenti possono esplorare e affinare il linguaggio del corpo. Questi esercizi non solo arricchiscono le capacità comunicative non verbali ma promuovono anche l'empatia e una più profonda comprensione delle emozioni altrui.

Concludo affermando...

Attraverso queste strategie innovative, è possibile creare un ambiente educativo più inclusivo e stimolante, dove ogni studente ha la possibilità di esplorare e sviluppare le proprie capacità comunicative, sia verbali che non verbali, potenziando così il proprio percorso di apprendimento in modo creativo e dinamico.

Autoriflessione

(Sec. II grado)

"La pratica riflessiva è un dialogo tra il pensiero e l'azione attraverso cui divento più abile" (Donald Alan Schon), Argomentare quest'affermazione, analizzando quali potrebbero essere le tecniche in grado di promuovere l'autoriflessione nella scuola secondaria.

Cosa mi chiede? La domanda mi invita ad argomentare l'affermazione di Donald Alan Schön sulla pratica riflessiva come un dialogo tra pensiero e azione, che contribuisce a migliorare le proprie abilità. Successivamente, mi chiede di analizzare le tecniche che possono promuovere l'autoriflessione nella scuola secondaria.

La pratica riflessiva, intesa come un processo di pensiero critico e analisi delle proprie esperienze di apprendimento e insegnamento, gioca un ruolo cruciale nello sviluppo personale e professionale.

Procedo ora a esplorare come questo concetto si applica all'ambito educativo e quali tecniche possono essere utilizzate per promuoverlo.

La pratica riflessiva permette di analizzare e comprendere le proprie esperienze, trasformandole in conoscenza. Questo processo non solo aiuta a migliorare le abilità cognitive e metacognitive ma incoraggia anche lo sviluppo di un atteggiamento proattivo verso l'apprendimento, favorendo anche l'autoefficacia e la motivazione.

A questo proposito è utile incoraggiare gli studenti a scrivere i propri pensieri su dei diari, in questo modo si allena la consapevolezza e il pensiero critico. Anche la promozione di pratiche di autovalutazione e peer review contribuisce a sviluppare un senso critico verso le proprie azioni e quelle altrui, incentivando una maggiore consapevolezza in termini di abilità e di quello che è possibile migliorare. Infine, dedicare momenti alla riflessione attraverso il silenzio o la meditazione è utile, in quanto tale pratica permette di connettersi profondamente con i propri pensieri ed emozioni.

Concludo affermando...

La pratica riflessiva, come dialogo tra pensiero e azione, è fondamentale per lo sviluppo di studenti autonomi, critici e consapevoli. Attraverso l'utilizzo di tecniche mirate, la scuola può promuovere efficacemente l'autoriflessione, preparando gli studenti non solo ad affrontare le sfide scolastiche ma anche a diventare capaci di apprendere, di adattarsi e di prosperare in un mondo in continua evoluzione.

Imparare a imparare

(Sec. II grado)

Argomentare criticamente l'importanza dell'imparare a imparare nella scuola secondaria di II grado.

Cosa mi chiede? La domanda sollecita una riflessione critica sull'importanza dell'imparare a imparare nella scuola secondaria di II grado.

L'imparare a imparare è una competenza importante che si riferisce alla capacità di apprendere in modo autonomo e riflessivo in diversi contesti, gestendo efficacemente anche le proprie risorse cognitive ed emotive. Questa competenza è fondamentale per navigare nell'attuale società della conoscenza, caratterizzata da rapidi cambiamenti e dall'evoluzione continua delle informazioni.

Procedo ora ad argomentare sull'importanza di questa competenza nel contesto scolastico.

L'importanza dell'imparare a imparare risiede nella capacità di preparare gli studenti ad affrontare un mondo in continuo mutamento, in particolar modo se si considera che tali conoscenze si evolvono molto rapidamente. Al centro dell'imparare a imparare vi è lo sviluppo di competenze metacognitive, come la pianificazione, la valutazione e il monitoraggio di quello che si apprende.

Queste abilità sono fondamentali per migliorare l'efficacia dello studio, affrontare la risoluzione dei problemi e riflettere criticamente sul proprio agire.

<u>Per promuovere efficacemente tale competenza</u>, è essenziale insegnare delle strategie di studio, come l'autoverifica, l'utilizzo di schemi e mappe, e la riflessione.

Anche l'apprendimento basato sull'indagine, che stimola gli studenti a formulare domande, cercare risposte e applicare le conoscenze in contesti nuovi, è un altro metodo efficace. Inoltre, fornire un feedback costruttivo e continuo aiuta gli studenti a identificare i propri punti di forza e le aree di miglioramento. Inoltre, questi approcci, integrati in un contesto educativo adeguato, li preparano sia per un contesto scolastico che di vita.

Concludo affermando...

L'importanza dell'imparare a imparare nella scuola secondaria di II grado non può essere sopravvalutata. Sviluppare questa competenza non solo migliora le prestazioni scolastiche degli studenti ma li equipaggia con abilità importanti grazie a un approccio educativo che valorizza l'autonomia, la riflessione e la metacognizione.

Life Skills

(Sec. I grado)

L'OMS ha inserito recentemente nelle Life Skills il decision making e il problem solving. Illustrare in maniera approfondita le abilità di vita, specificando le qualità cognitive e i tratti caratteriali legati al problem solving, per favorire la salute e il benessere di bambini e adolescenti.

Cosa mi chiede? La domanda richiede una descrizione dettagliata delle life skills, con un focus particolare sul problem solving e sul decision making, come definito dall'Organizzazione Mondiale della Sanità (OMS), evidenziandone le caratteristiche cognitive e personologiche per promuovere la salute e il benessere di bambini e adolescenti nella scuola primaria.

Le life skills sono competenze di vita che permettono agli individui di affrontare efficacemente le sfide quotidiane, promuovendo il benessere psicosociale e contribuendo a una vita sana e produttiva.

Procedo ora ad esplorare in dettaglio questi concetti.

L'OMS identifica come life skills un insieme di abilità psicosociali che includono:

- <u>Autocoscienza</u>: il modo di riconoscere e comprendere i propri pensieri, emozioni e comportamenti.

- <u>Empatia</u>: la funzione di capire come gli altri si sentono.

- <u>Comunicazione efficace</u>: sapersi esprimere con chiarezza e nel rispetto di tutti.

- <u>Relazioni interpersonali</u>: la caratteristica di stabilire e mantenere relazioni positive.

- <u>Pensiero critico</u>: la capacità di sondare le informazioni in maniera critica mantenendo l'obiettività.

- <u>Pensiero creativo</u>: la funzione di pensare fuori dagli schemi.

- <u>Gestione dello stress</u>: la modalità di affrontare e gestire situazioni stressanti.

- <u>Gestione delle emozioni</u>: implica il sapersi esprimere e comportarsi senza lasciarsi sovraccaricare dalle proprie emozioni.

- <u>Problem Solving</u>: la tecnica di riconoscere e risolvere i problemi con efficacia.

- <u>Decision Making</u>: il modo di prendere decisioni responsabili basate su un'analisi critica delle diverse opzioni.

Proseguo elencando le caratteristiche cognitive e personologiche del Problem Solving e del Decision Making

Problem Solving e cognitive:

- <u>Analisi</u>: capacità di scomporre un problema complesso in parti più gestibili.

- <u>Sintesi</u>: caratteristica di combinare informazioni e risorse in modi nuovi per formare una soluzione.

- <u>Valutazione</u>: comprensione di giudicare l'efficacia delle diverse soluzioni.

Personologiche:

- <u>Resilienza</u>: resistenza di fronte alle difficoltà e capacità di recuperare da insuccessi.

- <u>Apertura mentale</u>: disponibilità a considerare diverse strategie e soluzioni.

- <u>Pazienza</u>: capacità di tollerare l'incertezza e lavorare attraverso il processo di risoluzione dei problemi senza fretta.

Decision Making

Cognitive:

- <u>Ragionamento critico</u>: metodo di analisi delle informazioni e delle argomentazioni per formare un giudizio.

- <u>Consapevolezza delle conseguenze</u>: comprensione delle possibili conseguenze delle diverse scelte.

- <u>Priorità</u>: capacità di determinare quali decisioni siano più importanti o urgenti.

Personologiche:

- <u>Autostima</u>: fiducia nelle proprie capacità decisionali.

- <u>Responsabilità</u>: assunzione di responsabilità per le decisioni prese e le loro conseguenze.

- <u>Assertività</u>: comprensione di esprimere e difendere la propria scelta in modo rispettoso verso gli altri.

Adesso mi concentro sulla promozione della Salute e del Benessere

Integrare l'insegnamento e la pratica del problem solving e del decision making a scuola rappresenta un valido aiuto per promuovere la salute e il benessere. Tali competenze permettono di affrontare meglio lo stress, aiutano a prendere decisioni migliori riguardo al proprio benessere in chiave sociale ed emotiva.

Concludo affermando...

Il problem solving e il decision making sono competenze fondamentali che, se ben sviluppate fin dalla scuola primaria, possono dare ai bambini gli strumenti necessari per avere una maggiore sicurezza e determinazione.

Metacognizione

(Sec. I grado)

Il concetto di metacognizione riguarda la consapevolezza individuale dei propri meccanismi di pensiero e la capacità di modulare tali processi. Sviluppare criticamente la proposta teorica, facendo riferimento in particolare alla scuola secondaria di II grado.

Cosa mi chiede? La domanda invita a sviluppare criticamente il concetto di metacognizione, con un focus specifico sulla sua applicazione e sull'importanza nella scuola secondaria di II grado.

La metacognizione, che comprende sia la consapevolezza dei propri processi cognitivi sia la capacità di regolare e intervenire su di essi, è fondamentale per un apprendimento efficace.

Procedo ora ad esplorare come la metacognizione possa essere sviluppata e applicata nell'ambito educativo di questo grado scolastico.

Nell'ambito della scuola secondaria di II grado, la metacognizione assume un ruolo fondamentale, agendo come motore per lo sviluppo di un apprendimento autonomo e strutturato. Attraverso la metacognizione, gli studenti acquisiscono la capacità di valutare criticamente le proprie metodologie di studio, identificando punti di forza e le possibili aree di miglioramento. Questo processo ottimizza anche il tempo di studio, portando a risultati migliori.

Un altro aspetto cruciale riguarda lo sviluppo del pensiero critico, strettamente connesso alla capacità di analizzare i propri processi cognitivi. È anche uno strumento efficace nella gestione dell'ansia, infatti comprendere i propri processi cognitivi può significativamente ridurre lo stress legato alle prove scolastiche, favorendo un approccio più strategico.

Per promuovere la metacognizione tra gli studenti con diversi metodi. Incoraggiare la tenuta di diari di apprendimento consente agli studenti di riflettere sul proprio percorso educativo, favorendo la consapevolezza. Le discussioni guidate in classe, incentrate sulle strategie di apprendimento, possono offrire l'opportunità di condividere e confrontare metodi di studio, arricchendo l'esperienza di apprendimento.

Fornire strumenti di autovalutazione e un feedback costruttivo è essenziale per sviluppare la capacità di autoanalisi critica. L'insegnamento delle strategie metacognitive, come la pianificazione, il monitoraggio e la valutazione, li porta ad applicare queste tecniche in diversi contesti disciplinari, migliorando l'efficacia nello studio.

Concludo affermando...

Lo sviluppo della metacognizione nella scuola secondaria di II grado è di fondamentale importanza per preparare gli studenti non solo agli esami ma anche alla vita oltre la scuola. Attraverso la promozione di una maggiore consapevolezza e una regolazione dei propri processi cognitivi, gli studenti possono migliorare significativamente il proprio apprendimento.

Competenza digitale

(Sec. I grado)

In riferimento alla raccomandazione espressa dal consiglio europeo (22 maggio 2018), con focus sulle competenze chiave per l'apprendimento permanente, si chiede di definire le dimensioni della competenza digitale.

Cosa mi chiede? La traccia mi chiede le dimensioni della competenza digitale, essendo una domanda abbastanza tecnica, procedo con delle definizioni accompagnandole con degli esempi.

Con il termine competenza digitale ci si riferisce alla capacità di utilizzo delle tecnologie digitali. In riferimento alla raccomandazione del consiglio europeo, e bene specificare che tale competenza si esprime attraverso cinque dimensioni, che vado a elencare qui di seguito:

1. Utilizzo della tecnologia digitale;
2. Alfabetizzazione e informazione;
3. Comunicazione;
4. Ideazione di contenuti;
5. Risoluzione di problemi relativi alla tecnologia.

Dopo aver introdotto le cinque dimensioni mi concentro su ciascun punto.

La prima dimensione riguarda il saper utilizzare la tecnologia digitale, se si deve effettuare una ricerca è opportuno saper utilizzare il mezzo adeguato, un esempio potrebbe essere Google.

La seconda dimensione riguarda la gestione dell'informazione, la quale deve avvenire sempre in modo critico e mai affrettato. La terza dimensione riguarda il saper comunicare attraverso gli strumenti digitali. La quarta dimensione è più di stampo tecnico, in quanto l'ideazione si riferisce al saper produrre determinati contenuti, come ad esempio un video. L'ultima dimensione fa riferimento alla capacità di saper affrontare i problemi che la tecnologia può presentare, come ad esempio la reimpostazione di una password.

Concludo affermando...

Il digitale può essere senza dubbio una grande risorsa per l'insegnamento e per utilizzarlo al meglio è necessario acquisire le cinque competenze appena descritte.

Valutazione didattica nella scuola di II grado

(Sec. II grado)

Esporre le riflessioni in merito alla validità e all'attendibilità della valutazione per quanto riguarda la scuola secondaria di II grado.

Cosa mi chiede? La domanda è alquanto teorica, inizierò dal concetto di valutazione sottolineando anche della sua importanza, cercando di non uscire dall'argomento specifico.

La valutazione è essenzialmente il mezzo che permette di misurare i progressi, nel contempo permette di comprendere quanta strada c'è da fare per il raggiungimento degli obiettivi. Nonostante le buone premesse all'interno della scuola si riflette spesso sul concetto di validità e attendibilità, la ragione di questa riflessione la si trova nel fatto che una "valutazione" potrebbe essere data in maniera non del tutto oggettiva. Questa non oggettività è riconosciuta sotto il nome di distorsione valutativa. Le distorsioni sono degli errori che i docenti commettono nell'esprimere la propria valutazione.

Adesso mi addentro nel tema fornendo degli esempi concreti.

In merito alla distorsione valutativa quelle più rilevanti sono: la stereotipia, l'effetto di contrasto e l'effetto alone. Vediamo nel dettaglio di cosa si tratta.

<u>La stereotipia</u> come suggerisce il nome si verifica quando il docente è influenzato nel suo giudizio dagli stereotipi.

L'effetto di contrasto si verifica per influenza, ovvero in quelle situazioni in cui il docente è direttamente influenzato da un altro alunno.

L'effetto alone si verifica quando ci si concentra e poi si valuta unicamente un aspetto senza osservare "l'oggetto" della valutazione nel suo insieme.

Concludo proponendo una soluzione

Una soluzione alla distorsione di valutazione potrebbe essere l'impiego di metodi oggettivi, come ad esempio test a risposta multipla o con risposta breve, così da avere una trasparenza e un'attendibilità maggiore.

Gli strumenti di valutazione

(Sec. II grado)

Definire in modo sintetico gli strumenti in uso della didattica oggettiva, valutandone pregi e difetti attraverso degli esempi.

Cosa mi chiede?

L'oggetto della domanda è abbastanza semplice, la difficoltà si cela nel dover esporre l'argomento in maniera sintetica; pertanto, mi concentrerò nella delineazione degli strumenti valutativi più conosciuti evidenziandone i punti di forza o di debolezza.

Gli strumenti di valutazione oggettiva a disposizione degli insegnanti sono quelli che non richiedono una lunga esposizione dell'argomento in forma scritta, dove potrebbero intervenire diverse variabili a favore o a discapito dello studente. Per ovviare a tutto questo è preferibile optare per i test a risposta multipla, un punto di forza è rappresentato dall'oggettività, per contro trattasi di uno strumento che può non soddisfare completamente l'insegnante dal punto di vista della comprensione da parte degli alunni.

I quiz a risposta multipla limitano la creatività, il saper organizzare le informazioni e il pensiero critico. È possibile optare per le domande a risposta aperta per non avere queste "limitazioni", ma comunque sia si corre il rischio di ricadere in una valutazione poco oggettiva.

Concludo affermando...

Riuscire ad avere una valutazione puramente oggettiva senza lo scompenso delle limitazioni sarebbe davvero bello, ma a oggi non vi è ancora uno strumento totalmente privo di difetti, per questa ragione credo che sia opportuno scegliere il mezzo di valutazione che si ritiene più adeguato in relazione agli obiettivi educativi che si desidera raggiungere.

Il gioco

(Infanzia)

Parlare dell'importanza del ruolo del gioco nello sviluppo dei bambini.

Cosa mi chiede? La domanda è abbastanza teorica, pertanto procederò a illustrare il ruolo del gioco e i suoi vantaggi in un contesto di sviluppo.

Il gioco per i bambini non è solo un'occasione di svago ma piuttosto un momento in cui apprendono e grazie al quale sviluppano la loro personalità. Grazie al gioco i bambini iniziano a fare esperienza del mondo intorno a loro, interagiscono con gli altri e sviluppano il pensiero critico, solo per citarne alcune. Quando giocano possono impersonare un eroe o un'altra figura come, ad esempio, il dottore quando si cimentano a curare le proprie bambole, in questo gioco di ruoli vanno ad allenare l'empatia, le emozioni e sviluppano nuove capacità sociali e relazionali.

Concludo affermando...

Non vi è dubbio che il gioco sia fondamentale per i bambini in quanto attraverso di esso e varie attività fanno esperienza, imparano e sviluppano nuove competenze. Il gioco in sostanza permette ai bambini di esprimere e allenare tutte le loro potenzialità e caratteristiche.

Apprendere facendo

(Infanzia)

Argomentare in maniera sintetica l'espressione *"apprendere facendo"*, promossa da John Dewey in riferimento alla scuola dell'infanzia, facendo uno specifico riferimento alla metodologia laboratoriale.

Cosa mi chiede? La domanda collegandosi a un'affermazione di Dewey mi chiede di introdurre e collegare la metodologia laboratoriale, in quanto attraverso questo metodo si va a promuovere l'apprendimento attraverso l'esperienza diretta.

John Dewey sosteneva che i bambini potevano apprendere grazie all'esperienza, ed è per questo che il suo concetto di educazione era più orientato verso il fare piuttosto che verso l'accumulo di conoscenze. Se ci riferiamo a un ambiente scolastico viene naturale pensare che il laboratorio sia il luogo ideale dove poter fare pratica, così da sviluppare le nozioni apprese in un'ottica di promozione del pensiero critico e delle abilità. Ad esempio vi è differenza tra una lezione teorica, dove vi sono solo concetti e una dove è possibile fare pratica, ovviamente non tutte le materie si prestano in ugual modo a questa metodologia, ma dove è possibile credo che sia uno strumento valido per affinare le competenze, la curiosità e la motivazione dei bambini.

Concludo affermando...

Questo approccio si sposa con la natura dei bambini in quanto mira a promuovere e a stimolare le loro naturali capacità, rendendo l'atto stesso di imparare un momento divertente oltre che formativo.

Sviluppo dell'identità

(Infanzia)

"Sviluppare l'identità personale implica il vivere in armonia con le diverse facce del sé, trovando benessere e sicurezza nel ventaglio delle proprie azioni ed emozioni, senza trascurare il sentirsi accolti in un contesto sociale vasto. Questo processo comporta il riconoscersi per essere riconosciuti come individui unici e distinti, esplorando vari ruoli e aspetti dell'identità, quali l'essere figlio, studente, amico, uomo o donna, residente di un luogo, parte di un gruppo o di una comunità più grande e diversificata, unita da valori, abitudini, linguaggi, rituali e ruoli condivisi. Si chiede al candidato di riflettere criticamente e in modo sintetico su questa descrizione e di proporre strategie didattiche specifiche per la scuola dell'infanzia che mirino a raggiungere questi obiettivi.

Cosa mi chiede?

Il quesito invita a fornire una critica riflessiva del testo presentato, identificando ed elaborando strategie didattiche mirate per realizzare gli obiettivi descritti all'interno dello stesso.

Lo sviluppo dell'identità è importante ed è per questa ragione che sono certo che sia promosso da più fattori in termini di influenza. "Fattori" che non sempre sono positivi e che possono in un certo senso comportare esiti diversi a seconda del soggetto. Lo sviluppo dell'identità all'interno della scuola d'infanzia avviene facendo sentire i bambini al sicuro così che possano esplorare e fare esperienza. A livello pratico credo che sia utile per i bambini poter sperimentare ruoli diversi attraverso il gioco e siano altresì formative le abilità di manipolazione.

Concludo affermando...

È responsabilità degli insegnanti saper offrire un ambiente didattico stimolante anche attraverso percorsi di questo tipo, così da favorire le competenze e la socialità nei bambini.

L'autoefficacia

(Sec. I grado)

In riferimento a quanto affermato da Bandura sull'autoefficacia, si chiede al candidato di spiegare le diverse strategie didattiche.

Cosa mi chiede? La domanda chiede di esplorare il concetto di autoefficacia, per poi effettuare un collegamento verso delle differenti strategie didattiche.

Il senso di autoefficacia è molto importante perché va a influire direttamente sul comportamento, in quanto ci si sente competenti in un determinato ambito.

A questo punto mi concentro sulle varie strategie didattiche.

Una strategia che ritengo molto importante riguarda l'attenzione che dev'essere posta da parte degli insegnanti quando vogliono affidare dei compiti. È necessario tenere presente che non tutti gli alunni sono uguali per questo e bene dare dei compiti "semplificati" che possano essere completati senza che venga sminuito il loro senso di efficacia.

Si potrebbe pensare all'integrazione di un'altra strategia molto efficace il cooperative learning, dove ognuno può migliorare le proprie competenze andando a lavorare non solo sul senso di efficacia ma anche sulla fiducia.

Concludo affermando...

Applicando queste strategie, gli insegnanti possono creare un ambiente di apprendimento che non solo supporta gli studenti dal punto di vista scolastico ma anche a livello personale, in quanto viene incentivato lo studio, la resilienza e la fiducia nelle proprie capacità.

Autostima

(Sec. I grado)

Il benessere scolastico trova forza anche nel sostegno all'autostima. Si chiede di definire l'autostima per poi andare a delineare delle strategie per la sua promozione.

Cosa mi chiede? La domanda chiede di fornire una definizione di autostima per poi andare a delineare delle azioni efficaci volte alla sua promozione.

L'autostima è importante per il benessere psicologico in quanto ci fa sentire capaci e ci permette di accettarci per quello che siamo. Di contro non si tratta di un valore fisso o meglio stabile in quanto è soggetto a variazioni. L'autostima può variare in meglio o in peggio, in base alle valutazioni degli altri o per una scarsa fiducia che si nutre verso se stessi.

Uno studente con una scarsa autostima avrà un rendimento molto differente rispetto a un altro che dimostra una buona autostima. Per questa ragione gli insegnanti sono chiamati a promuovere e a sostenere attraverso il loro comportamento o le scelte didattiche l'autostima dei propri studenti.

L'autostima in un certo senso non influenza solo la propria percezione, ma ha anche un riflesso verso gli altri e di conseguenza con le interazioni. Anche questa tesi non vi è alcun dubbio va a rafforzare il ruolo degli insegnanti

A questo punto delineo le strategie che gli insegnanti possono mettere in atto.

Credo che sia fondamentale concentrarsi sull'ambiente classe, il quale dev'essere il più possibile inclusivo, dove tutti si sentono accettati e rispettati. Ogni studente dovrebbe avere uno spazio in cui potersi esprimere per un confronto diretto anche con gli altri. È necessario altresì promuovere la cultura del successo, perché evidenziare quello che non va non sempre è formativo, lo è se si dà spazio anche ai successi e non solo agli insuccessi.

Gli insegnanti dovrebbero far capire ai propri studenti che il voto riflette quello che si è appreso ed è sbagliato associarlo alla propria persona, un voto non definisce chi siamo in alcun caso.

Concludo affermando...

Il compito del docente è quello di insegnare ai propri studenti, ogni step valutativo è efficace se accompagnato da dei feedback costruttivi, dove non vi è giudizio ma un invito a fare meglio, la critica non è mai negativa quando con le parole si riesce a trasmettere positività grazie anche alla propria esperienza.

Motivazione

(Primaria)

Riflettere sull'importanza della motivazione per lo sviluppo del bambino.

Cosa mi chiede? La domanda è molto teorica, pertanto inizierò parlando di cosa sia la motivazione per poi evidenziare le tesi a sostegno.

Quando si discute dell'interesse dei bambini per la scuola, ci si riferisce al legame emotivo che essi stabiliscono con l'apprendimento e l'ambiente educativo. Pertanto, la volontà di imparare rappresenta l'attrazione che il bambino prova verso questi ambiti. Possiamo assistere a due tipi di "motivazione" quella intrinseca e quella estrinseca. La seconda si riferisce a quei bambini che studiano spinti da fattori esterni, come il desiderio di ottenere l'approvazione dei genitori o dei premi per i buoni risultati. La motivazione intrinseca, invece, emerge quando il bambino svolge un'attività per soddisfazione personale, o per ragioni non di certo legate a quello che gli altri o la famiglia possono pensare.

La motivazione è intimamente legata all'immagine che il bambino ha di sé, delle sue capacità e della sua autoefficacia. Di conseguenza, autostima e motivazione sono profondamente connesse.

A questo punto mi concentro su alcuni aspetti che ritengo importanti, soprattutto quando si vuole lavorare sulla motivazione dei bambini.

La scuola rappresenta l'ambiente in cui i bambini passano diverse ore. Qui, i bambini imparano, socializzano e affrontano le loro piccole sfide. Per questa ragione l'imparare non deve essere visto come un atto meccanico ma come un'occasione per creare un clima idoneo allo sviluppo della motivazione da parte degli alunni dove vi è anche un coinvolgimento attivo. Quando l'ambiente è positivo i bambini vanno volentieri a scuola. È fondamentale lavorare anche sull'autostima e sull'autonomia in quanto sono due componenti della motivazione, i bambini devono credere che ce la possono fare e devono essere spronati a esplorare le loro capacità, così da prepararsi per le sfide della crescita.

Routine

(Infanzia)

Spiegare in modo sintetico e basando la propria tesi su delle ragioni pedagogiche, didattiche e organizzative, l'importanza delle routine giornaliere per i bambini che frequentano la scuola dell'infanzia.

Cosa mi chiede? La domanda pone l'accento sulla routine e sulla sua importanza per lo sviluppo del bambino, inizierò dal concetto di routine per poi andare a spiegare brevemente il perché della sua importanza.

La routine non è nient'altro se non un'abitudine che si è consolidata grazie alla pratica e all'esperienza. Le routine sono importantissime per i bambini perché ne ricavano stabilità e sicurezza, in quanto sanno cosa succederà. Routine fa rima anche con comportamento atteso, i bambini sanno che dopo aver fatto una determinata cosa li aspetta altro, in un certo senso sanno cosa devono fare proprio grazie alla routine. La sicurezza conferita da quello che già conoscono gli permette di affinare altre aree per un migliore sviluppo.

Concludo affermando...

Un altro aspetto fondamentale della routine riguarda il senso del tempo, grazie alle azioni che compiono riescono a dare un preciso senso al loro tempo.

Intelligenza emotiva

(Sec. II grado)

Esporre come l'intelligenza emotiva abbia una funzione durante l'insegnamento e nell'apprendimento, in riferimento alla scuola secondaria di II grado.

Cosa mi chiede? La domanda fa riferimento all'intelligenza emotiva e agli ambiti di influenza all'interno della scuola.

L'intelligenza emotiva riguarda la capacità di riconoscere non solo le proprie emozioni ma anche quelle degli altri, *il riconoscimento* come ben teorizzato dallo psicologo Daniel Goleman si svolge su cinque dimensioni, nello specifico: *consapevolezza della propria persona, dominio della propria persona, motivazione, empatia e abilità sociale.*

Avere una buona consapevolezza della propria persona conduce a un riconoscimento più efficace delle proprie emozioni. La gestione delle emozioni deriva da un buon grado di dominio che si ha su di sé, la motivazione ci consente di mantenere alto il focus sulle mete da raggiungere, l'empatia ci permette di comprendere meglio gli altri in termini emotivi, per concludere le abilità sociali sono utili per gestire gli eventuali conflitti o per avere relazioni più efficaci.

Essendo l'intelligenza emotiva collegata al proprio se e a ciò che lo circonda, bisogna tenere in considerazione l'ambiente scolastico in quanto influisce sulla motivazione, sul successo e sulla capacità di interagire efficacemente e in modo costruttivo con gli altri.

I docenti per allenare l'intelligenza emotiva all'interno della propria classe devono andare a lavorare su quegli aspetti che la richiamano, ad esempio si può utilizzare il dibattito, dove gli studenti hanno un confronto e devono saper gestire in maniera efficace i conflitti, moderando se stessi e cercando di capire gli altri.

Concludo affermando...

L'intelligenza emotiva è un'abilità importantissima sia a livello scolastico ma anche successivamente in molti ambiti della vita, per questo è bene allenarla con attività mirate fin dagli anni della scuola.

Consapevolezza di sé

(Sec. I grado)

Lo studente al termine del primo ciclo deve aver acquisito la cognizione in relazione alle proprie potenzialità e limiti, utilizzando le proprie conoscenze per capire sé stesso e il mondo che lo circonda così da comprendere anche le diverse identità. Elaborare in maniera sintetica, un esempio di attività volta al raggiungimento di questo traguardo.

Cosa mi chiede? La domanda richiede di esporre un esempio, l'unico ostacolo credo che si evidenzi nella sinteticità che non è sempre facile da raggiungere. A ogni modo in domande come questa è fondamentale non solo rispondere correttamente ma anche saper rimanere entro le righe massime che richiedono, le quali solitamente non devono essere più di 15.

Le attività didattiche che permettono un lavoro sulla consapevolezza di sé sono quelle di <u>autovalutazione.</u> Questa dinamica si può espletare con l'autovalutazione dei propri risultati, delle abilità o delle competenze, per capire il punto in cui si è e cosa si vuole raggiungere.

Questa autovalutazione può avvenire attraverso una riflessione sul proprio diario, oppure con l'impiego di test a risposta multipla, tutte queste attività hanno l'obiettivo del confronto per capire meglio se stessi e gli altri. Una volta che si è capito cosa si desidera raggiungere è bene concretizzare le proprie parole attraverso un piano d'azione, in questo modo si avrà una strada da seguire. Volendo concludere, questi progetti orientati sulla consapevolezza attraversano <u>tre fasi</u>, una di presa di coscienza del proprio sé e della situazione, una in cui ci si confronta sulle strade possibili insieme agli altri e una dove si va a delineare in modo concreto un piano che invita all'azione.

Indice

INTRODUZIONE 3
Progetto di continuità 5
Didattica orizzontale e verticale 6
Progettare per competenze 8
Didattica individualizzata e personalizzata 9
Brainstorming 10
Cooperative Learning e lavoro di gruppo 12
Emozioni e apprendimento 14
Strategie didattiche 15
Abilità metacognitive ed empatiche 16
Ambiente e sviluppo della creatività nei bambini 18
Elementi e scopi del POF per la scuola dell'infanzia 20
Collegialità dei docenti 21
Le nuove tecnologie nell'ambiente scolastico 22
L'attendibilità della valutazione 24
Autoriflessione 26
Autostima 28
La mente intuitiva 29
Gestione dei conflitti 31
Bullismo 33
PDP 34
Pensiero creativo e inclusione 35
Empatia e intelligenza emotiva nella scuola dell'infanzia 38

Forme e obiettivi dell'autonomia scolastica 40
Piano dell'offerta formativa e Rapporto di autovalutazione .. 42
Rapporto tra scuola, famiglia e territorio in base alla normativa 44
Pensiero divergente e scuola dell'infanzia 46
Intelligenza emotiva, empatia e memoria. 48
Campi di esperienza e sviluppo dei bambini 49
Costituzione, contenuti e innovazioni del PTOF 53
Tipi di valutazione 56
Didattica inclusiva e teorie socio-pedagogiche 57
Piano annuale per l'inclusione (scuola primaria) 59
Reti di scuole 61
Emozioni, teorie e sviluppo potenzialità nella scuola dell'infanzia 63
Creatività, spirito critico e risoluzione dei problemi 65
Scienza del se ed emozioni 66
Ruoli e competenze degli organi collegiali 69
Pensiero creativo e divergente in campo logico matematico ..72
Campo d'esperienza ed emozioni nella scuola dell'infanzia ...74
Metodologia laboratoriale e pensiero divergente nella scuola dell'infanzia 76
Jung e laboratori ludico creativi per lo sviluppo delle capacità 77
Illustrare la legge Buona scuola 80
Disagio emotivo e stress 83
Pensiero divergente e convergente 86
Approccio didattico inclusivo e intelligenza emotiva 89
Bisogni educativi speciali 91
Pensiero creativo, metodologia e inclusione 96

Risoluzione dei problemi 99
Competenze emotive e insegnamento efficace..................... 102
Attività didattiche e pensiero convergente e divergente 105
Storia dell'inclusione 107
Strumenti compensativi e misure dispensative 109
Nuclei di valutazione esterna 111
Dispersione scolastica 113
Ambiente di apprendimento 114
Campi di esperienza 115
Competenze 117
Educazione alla cittadinanza 119
Patto di corresponsabilità 121
PCTO 122
Programmazione Didattica 124
Didattica digitale 126
TIC e UDA 129
Funzioni della valutazione 132
Disabilità e sistema di valutazione 134
Adozione diversificata 136
Debate 138
Laboratorio 139
Strategie didattiche 142
Linguaggio non verbale e visivo motorio 145
Autoriflessione 146
Imparare a imparare 148
Life Skills 149
Metacognizione 152
Competenza digitale 154

Valutazione didattica nella scuola di II grado 156
Gli strumenti di valutazione 157
Il gioco 158
Apprendere facendo 159
Sviluppo dell'identità 160
L'autoefficacia 161
Autostima 162
Motivazione 164
Routine 165
Intelligenza emotiva 166
Consapevolezza di sé 167

Printed by Amazon Italia Logistica S.r.l.
Torrazza Piemonte (TO), Italy